漢字形體變遷史

魏建功　著

2020年·北京

圖書在版編目(CIP)數據

漢字形體變遷史/魏建功著.—北京:商務印書館,2013(2020.4重印)

ISBN 978-7-100-08892-3

Ⅰ.①漢… Ⅱ.①魏… Ⅲ.①漢字—字形—演變—研究 Ⅳ.①H123

中國版本圖書館CIP數據核字(2012)第013661號

漢字形體變遷史

魏建功 著

商 務 印 書 館 出 版

(北京王府井大街36號 郵政編碼100710)

商 務 印 書 館 發 行

北京藝輝伊航圖文有限公司印刷

ISBN 978-7-100-08892-3

2013年5月第1版　　開本787×1092 1/32

2020年4月北京第3次印刷　　印張3

定價:19.00圓

目　録

一、漢字之含義*

許愼《說文解字·序》："倉頡之初作書，蓋依類象形，故謂之文；其後形聲相益，即謂之字。文者物象之本，字者言孳乳而浸多也。"鄭樵《通志·七音略》："獨體爲文，合體爲字。"又《六書略》："象形、指事，文也；會意，字也。文合而成字。文有子母：母主義，子主聲，一子一母爲諧聲。諧聲者，一體主義，一體主聲。二母合爲會意。會意者二母俱主義而合成字也。"

以上實爲文字學者刻意分化之言，中國語言文字上用詞未嘗如此嚴正也。如《左傳》："生而有文在其手，曰：爲魯夫人。""文"之所指，既非獨體，更言章句

---

* 本書介紹古今漢字形體的演變，涉及古舊字形較多，故正文字體一律采用繁體舊字形。

(魯桓公母)。至若孫卿（按即荀子)《解蔽》所謂："好書者衆矣，而倉頡獨傳者壹也。"是"書"之義即"文字"也。許慎固亦曰，"倉頡之作書"，蓋即其所謂"著於竹帛謂之書，書者如也"。而其著作稱"說文解字"，書中指稱篆文曰："文若干"，言全書解說曰"若干字"，蓋即後代稱"若干言"，說者謂其指隸書云云。古者習常似以"書"、"名"并舉，言"文"、"字"起於漢以後也。"書"以著竹帛爲言，"名"以具聲音爲言。鄭玄注《論語》"必也正名乎"："正名，謂正書字也。古者曰'名'，今世曰'字'。"《儀禮·聘禮》："百名以上書於策，不及百名書於方。"《釋文》："名謂文字也。"釋以今語，"名"者"語言"，"書"者文字。特復錯綜爲用，無由闢理。今所立名，以其主述我國漢族表達意志之工具古今遞變狀況，故取常言"漢字"。典籍中述及"文"、"名"、"字"、"書"者，尚有：

《書·序》："由是文籍生焉。"

《釋文》："文，字也。"

《左傳·宣公十五年》："故文，反正爲乏。"

《國語·晋語》："夫文，蟲皿爲蠱。"韋注：

“文，字也。”

《論衡・書説》：“空書爲文。”

《論衡・超奇》：“集扎爲文。”

封演《聞見記》：“依類象形，故謂之文。”又，“著於竹帛爲文史。”

《周禮・春官・外史》：“掌達書名於四方。”注：“古曰名，今曰字。”

《古微書》引《孝經援神契》：“字者言孳乳浸多也。”

封演《聞見記》：“形聲相益則謂之字。”

《書・序》《釋文》：“書者，文字。”

今日常言“漢字”，蓋指積點畫而成之“方塊字”也。何以言“漢”？本無明文。按當爲對他民族分别之意。外國稱我爲“漢人”，約自魏晉以降起始。中國境内曾因政治力量行用若干他族文字，其始亦應在魏晉以下。《隋・志・小學類》載鮮卑語及所謂“國語”，又有婆羅門書，皆後魏時者。又云梁有扶南胡書。“國語”，鮮卑人自稱其語言也。當時全國流行之眞正國語爲我漢族語言，自不待言；然外族入主自尊，其語文曰“國”，則名我族語文必別加標識可知。意者“漢字”之稱，由來舊矣。

《隋·志》：“後魏初定中原，軍容號令皆以夷語，後染華俗，多不能通；故錄其本言相傳教習，謂之‘國語’。”此言乎族類文字，歷史文化上與我交涉而成陳迹者有之，自然生長未相通達者有之。其已就死亡者或本受我影響以產生，而今仍隔絕者本爲一脈足証我邃初狀況者，亦大可能。方今語言聲韻之學已受世界學術之潮流進而作同族語之比較研究，將來文字方面或亦將有同樣之發展。區區擎此漢字形體變遷之義，不過先作通盤整理之提示而已。

《隋·志·小學類》：“翻真語一卷（王延撰），真言鑒誡一卷，國語十五卷，國語十卷，鮮卑語五卷，國語物名四卷（後魏侯伏侯可悉陵撰）；國語真歌十卷，國語雜物名三卷（侯伏侯可悉陵撰），國語十八傳一卷，國語御歌十一卷，鮮卑語十卷，國語號令四卷，國語雜文十五卷，鮮卑號令一卷（周武帝撰），雜號令一卷，婆羅門書一卷（梁有扶南胡書一卷），外國書四卷。

鮮卑文、伊斯蘭文、突厥文、契丹文、女真文、西夏文、八思巴蒙古文、滿珠文、白狼文：死亡者九。藏文、畏吾兒（纏回）文、蒙文、苗文、爨文、摩些文：生存者七。

漢字之最初創造與行用，以今日所獲材料觀之，其民族實已非一單純系統。歷史上我國民族之來源究應有幾，至今尚未能斷言。然就近年考古學所得之經驗，商、周與秦、楚，其文明相承之迹，固有綫索；而四者各具其本來之色彩，亦至顯明。此諸族者，可以各有其風俗、習慣與語言；文字方面，幾無大差別。實乃奇迹！按之後世，若晉隋間之五胡十六國及北朝，若唐宋間之五代十國，華夷雜沓，語言紛繁，而文字亦惟一也。吾人必應心知此意：漢字所代表之語言系統當極複雜，而形體組織之方式，自爲一綫相貫之變遷，未嘗受其影響也。職是之故，治中國聲韻史、語言史問題，至爲繁難，言中國文字史則較簡易。

用漢字之民族，語言未必同族，如日本、朝鮮；同語族之民族，未必用漢字，如緬甸、暹羅（按即泰國）、西藏、摩些、彝；同語族用漢字之民族，如越南、爨。

茲更爲說明如下：中華民族（包括同化於漢族之他族）古今相沿用以表達思想意志之一種文字，名之曰“漢字”。漢字形體組合若干點畫於一固定面積中以表語言上每一聲音之單位者，故曰“方塊字”。漢字乃行用於東亞若干同語族、不同語族之民族中，故其創造與增益、刪汰，亦由各族積漸形成。

二、漢字形義學與漢字聲韻學之從新規劃

自來研究中國語言文字之學者，以章太炎先生爲最周詳。國學講習會《略說》云："以古韻讀《說文》，然後知此之本字，即彼引申假借之字；以古韻讀《爾雅》、《方言》諸書，然後知此引申假借之字，必以彼爲本字。能解此者，稱爲'小學'。若專解形體及本義者，如王菉友所作《說文釋例》、《說文句讀》，只可稱爲'說文之學'，不得稱爲'小學'。若專解訓詁而不知假借引申之條例者，如李巡、孫炎之說《爾雅》，郭璞之注《爾雅》、《方言》，只可稱爲《爾雅》、《方言》之學，不得稱爲'小學'。若專解音聲而不能應用於引申假借者，如鄭庠之《古音辨》、

顧寧人之《唐韻正》，只可稱爲‘古韻、唐韻之學’，不得稱爲‘小學’。兼此三者，得其條貫，始於休寧戴東原氏。”

此其眼光，籠照全局，實創立“語言文字學”基礎之論；且“語言文字之學”之名目，亦即太炎先生所建立也。《略說》又云：“自許叔重創作《說文解字》，專以字形爲主而音韻、訓詁屬焉。前乎此者，則有《爾雅》、《小爾雅》、《方言》；後乎此者，則有《釋名》、《廣雅》，皆以訓詁爲主而與字形無涉。《釋名》專以聲音爲訓，其他則否。又自李登作《聲類》，韋昭、孫炎作反切，至陸法言乃有《切韻》之作，凡二百六韻。今之《廣韻》即就《切韻》增潤者。此皆以音爲主而訓詁屬焉。其於字形，略不一道。合此三種，乃成‘語言文字之學’。此固非兒童占畢所能盡者，然猶名爲小學，則以襲用古稱，便於指示。其實當名‘語言文字之學’方爲確切。”

近年文字、聲韻二者分科，著作蜂興。大抵言文字者包括形義，而局促於《說文》、糾纏於六書之中，既略於義，復忘乎形！竊謂聲韻之學駸駸漸備，有分析審音之語音學，有考史論變之聲韻學，且將近而建設科學的中國語言學。文字所以表現語言者也。其間斷斷乎不能無相發明之點。然則治文字形義學似不得不有新規劃也。

沈兼士先生於文字形義學定義爲："研究中國文字的形體訓詁之所由起及其作用與變遷，而爲之規定各種通則以說明之，這種學問，就叫做'文字形義學'。"(《文字形義學》講義）容庚則謂："文字學者，研究語言符號之構造及其演變之學也。"(《文字學》)

所謂新規劃者何？容庚曰："我國文字，乃屬意標，形與音離，故其研究當將形義音三部分別考察。自三代以來，變遷實繁，字形則自古籀而篆書，而隸書，而正書，而草書，而行書。字義則自象形、指事，而會意、形聲，而轉注、假借，而歷代訓詁。字音則自周秦兩漢古音，而《切韻》、《廣韻》，而《平水韻》，而注音字母及各地方言。非研究文字學者不能洞其奧也。"其言"三部分別考察"則是，而其言所以分別之故則未必然。沈先生謂："爲之規定各種通則以說明"、"中國文字的形體訓詁之所由起及其作用與變遷"，乃文字形義學之事。今知"訓詁"不僅關乎"形體"，而"形體"不過牽及"訓詁"，故研究文字，形體與訓詁當區別言之也。吾人意在建設科學的中國語言文字之學，於近二十年來所流行之形義學與聲韻學勢不得不有如下之規劃：

形	漢字形體學	結體原則	文字學
		形變史例	
義	漢字訓詁學	字義	
		文法	漢語學
音	漢字聲韻學	語源	語言學
		聲韻沿革	
		發音標準	
	漢字藝術	書法（碑帖、榜札）	
		鐫刻（印璽、書板）	
		詩歌（謠諺、劇曲）	
		諧談謎讔	

蒼——篇
雅——韻

三、純粹漢字形體的研究史述

中國的語言文字之學舊目總名之爲“小學”。“小學”之名起於漢時相傳周代理想政治書中之教育制度，其意義猶今日學校教育之小學也。

大戴《禮記·保傅篇》：“及太子少長，知妃色，則入于小學；小學者，所學之宮也。”“古者，八歲而就外舍，學小藝焉，履小節焉。”小學肄習小藝小節，乃以肄習之所名所肄習。《周官·保氏》：“保氏掌諫王惡，而養國子以道。乃教之六藝：一曰五禮，二曰六樂，三曰五射，四曰五馭，五曰六書，六曰九數。”“乃教之六儀：一曰祀祭之容，二曰賓客之容，三曰朝廷之容，四曰喪紀之容，五曰軍旅之容，六曰車馬之容。”凡祭祀、賓客、會同、喪紀、軍旅，舉從王則。聽治亦如之。使其屬守王闈。

徵之漢世制度實況，則小學所習幾純爲辨識文字之事。《齊民要術・雜說》引《四民月令》，“正月：農事未起，命成童以上入太學，學五經。硯冰釋，命幼童入小學，學篇章。”“八月：暑退，命幼童入小學，如正月焉。”“十月：農事畢，命成童入太學，如正月焉。”“十一月：硯冰凍，命幼童讀《孝經》、《論語》篇章，入小學。”賈思勰注“篇章”曰：“謂六甲、九九、急就、三倉之屬。”蓋即六藝，書其一也。“急就”、“三倉”乃文字之書，猶之所謂保氏教“六書”，爲用同也。是“小學”非指“書”之一道，自未有今所謂“語言文字之學”之意也。向歆父子至於班固著《藝文志》、《略》，始以“小學”專指“六書”。自爾凡經數變，而後“小學”所該浸廣。《漢・志》列《爾雅》、《小爾雅》、《古今字》、《弟子職》於“孝經家”。《隋・志》以《爾雅》、《小爾雅》、《方言》、《釋名》入“論語”類，“小學”類列“體勢”、“音韻”二科。迄《唐・志》乃分《爾雅》爲“訓詁”，并入“小學”類。於是“小學”所屬成爲三科。《宋・志》并收“金石”、“藝術”之書於“小學”。《明・志》小學類列“小學”、“女學”、“書數”三目。清《四庫全書總目》小學類則分“訓詁之屬”、“字書之屬”、“韻書之屬”。謝啓昆作《小學考》，分“訓詁”、“文字”、“聲韻”、“音義”四類。其書云：“訓詁，《爾雅》、《方言》、《通俗（文）》之屬；文字，《史篇》、《說文》之屬；聲韻，《聲類》、《韻集》之屬；音義，訓讀經史百氏之書之屬。”

綜觀先後分目之所以異，其故蓋在時變勢異，著作日繁，因勢制宜，理所然也。凡此，固無足稱語言文字之學；然謂非語言文字之學之書則不可。容庚《文字學》曰：“……然此皆言文字之書，而不可以言文字學之書也。”近代自章太炎先生標“語言文字之學”之目以來，世始有“文字學”之書也。流布於世者，有：劉師培《中國文學教科書》、朱宗萊《文字學形義篇》、錢玄同《文字學音篇》、沈兼士《文字形義學》、胡以魯《國語學草創》、容庚《文字學》。

《漢・志》小學家著錄幾全爲文字纂集，存於今者唯《急就章》耳。其著述專以形體爲主。體例作風，後世通行雜字之屬實與相類。學者謂之“蒼學”，取《蒼頡篇》名也，與訓詁《爾雅》之學并稱“蒼雅之學”焉。班固記錄形體如次：1. 所謂“大篆”、古籀（《史籀》）；2. 所謂“小篆”、秦篆（《蒼頡》、《爰歷》、《博學》）；3. 隸（《凡將》、《元尚》、《訓纂》、《續訓纂》；

4. 草（《急就》）。而文字遞增情形爲：

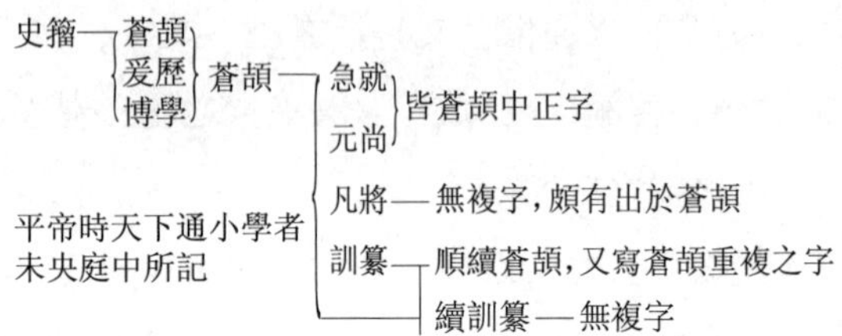

［按，《漢·志》：《史籒》十五篇、八體六技，《蒼頡》（李斯）一篇七章，《爰歷》（趙高）六章，《博學》（胡毋敬）七章，《凡將》（司馬相如）一篇（漢時五十五章，章六十字，揚雄加三十四章，成八十九章，班固又加十三章，成百有二章），《急就》（史游）一篇，《元尚》（李長）一篇，《滂喜篇》（賈魴）一篇，《訓纂》（揚雄）一篇，《别字》十三章，《蒼頡傳》一篇，《蒼頡訓纂》（揚雄）一篇，《蒼頡訓纂》（杜林）一篇，《蒼頡故》（杜林）一篇。《隋·志》："班固十三章，太甲在昔各一卷。"］

考諸類文字，概爲當世應用者也。其撰集意在羅列，但爲辨體識義之作用而已，并無文字研究之事，更不具文字學之意味。及乎許慎著《説文解字》，搜集若干字體，加以説解，於是純粹研究漢字形體之風始開，而形音義三方并重之文字學乃得樹立。

許慎所收字體：1. 古文——《史籒》以前文字，亦稱大篆，如"手"古文作𠂿，"鬼"古文作"䰟"。2. 籒文——史籒、大篆，或列正篆，或列重文，書中明著。

間不著明，如“𧰨”下列重文“豚”字，“説解”謂“篆文從肉豕”，説明正篆爲古籀。3. 篆文——小篆，於古籀因多革少。4. 秦刻石——亦小篆。石鼓舊以爲大篆。如“攸”下云：“𢼊，秦刻石繹山石文攸字如此”，“也”下云：“𠁧，秦刻石也字。”5. 或體——小篆殊文，古籀異體。如“西”下云：“或從木棲；卤，古文西；卤，籀文西。”6. 通人説——小篆殊文。如“無”下云：“无，奇字無，通於无者，王育説，天屈西北爲無。”“營”下云：“司馬相如説，營或從弓（‘営’）。”7. 俗體——亦小篆，爲世俗通行者。如“梪”，俗豉，從豆。8. 奇字，壁中古文之異體，如“倉”下云：“仺，奇字倉。”“涿”下云：“㲻，奇字涿從日乙。”9. 秘書説——緯書，如“𥇒”下：“秘書瞋從戌。”“易”下：“秘書説日月爲易，象陰陽也。”列表如次，以明著錄體例：

正文	正篆	正篆	正篆	正篆	正篆	正篆	正篆	正篆
重文	無	籀文	或	奇字	篆文	俗	通人説及他書	古文
説明		草部别言大篆	重文之體疑不能定故曰或			重文爲後起通用字故曰俗		

欲明許氏書之所以產生，當於蒼雅之學先知梗概。許慎《説文·序》曰：“今叙篆文，合以古籀，博采通

人，至於小大，信而有證，稽譔其說，將以理羣類，解謬誤，曉學者，達神怡，分別部居，不相雜廁。萬物咸覩，靡不兼載，厥誼不昭，爰明以諭。”《後序》又曰：“此十四篇，五百四十部，九千三百五十三文，重一千一百六十三，解說凡十三萬三千四百四十一字。其建首也，立一爲耑，方以類聚，物以羣分，同條牽屬，共理相貫，雜而不越，據形繫聯，引而申之，以究萬原，畢終於亥，知化窮冥。”所謂“叙篆文，合以古籀”，是許書文字之來源。所謂“分別部居，不相雜廁”，“建首”、“立一”、“據形繫聯”是許書編制體例之大概。二者皆與蒼學相關。而“博采通人，至於小大，信而有證，稽譔其說”是許書說解之情形。此則與雅學相關也。

綜考《說文》以前研究文字之書，當分二派：其一，《史籀》、《三蒼》，記文字形體；其二，《爾雅》、《方言》，記言語變遷。蒼學體裁，但爲雜字歌括，依類記載若干代表事物名稱之文字，而不知分析“形聲相益”之體，說明文字結構之所以然；杜林、揚雄注釋，亦惟隨文解義而不求造字之本訓。然《三蒼》爲漢世惟一文字門徑書，是以魏晉及唐講習不衰也。唐以前，許氏字指之學傳授不一，推崇許者雖有之（江式、顏之推），反對者亦尚夥（鄭玄《駁五經異義》，庾元威言許愼"穿鑿賈氏，乃奏《說文》"，後周黎廣從崔玄伯變字義，頗與許氏有異）。《唐書·選舉志》："凡學館諸生九經外，讀《說文》、《字林》、《三蒼》。"此可見唐代《三蒼》猶與《說文》幷立，《說文》尚未一尊也。

蒼學書爲目治記載文字形體之書，雅學則爲耳治記載語言聲音之書。蒼學書之失已如上述，雅學書但爲訓釋、不解文字形體構造，臚列若干轉注之語言及假借之文字，而不能說明此轉注、假借之所以然、推求語根所在。《說文解字》乃蒼雅二派之匯合，與謂創始，寧曰集成。所謂集成，蓋有二義：其一，材料之總匯（詳"論漢人之字體"）；其二，方法之兼取（詳"論演變方式與變遷外緣"）。要之，許書材料上最重要之性質不可忽略，即：所纂集皆斷之篆文以上者行將衰歇之古文字也；且此類文字在當時已得有相傳之原則爲研究解說之基礎，而開文字學之先河。如六書條例，沈兼士先生說："大約是周代掌教學童書的史官把古文通盤研究了一番，替古人追定了六條造字原則，以說明文字的構造。"自爾入唐，去古日遠，文字變易，體勢紛繁，學者多以許書爲典正。若《釋名》（劉熙）、《廣雅》（張揖）及韋昭、唐固注《國語》莫不依據。世俗通行文字已改用隸，而論書之正訛，仍主《說文》也。是可謂一成不變之文字學觀念！此其弊至於聰明才智不施於繼長增高之方向，文字學之建亦僅限乎古篆中矣！

雖然，學術有務治之作用，供求相應，“篇”、“韻”之學踵而興焉。篇者，陳梁顧野王《玉篇》，今非原本，乃唐孫強增加字宋陳彭年重修本也；其書陳振孫《直齋書錄解題》（孫本）云：“大約本《說文》，以後漢反切未備，但云讀若某，其反切皆後人所知，多疏樸脫誤；至梁時四聲之學盛行，故此書不復用直音矣。其文字雖增多，然雅俗雜居，非如《說文》之精覈也。又以今文易篆字，蓋以舛訛。世人以篆體難通，今文易曉，故《說文》遂罕習，要當尋其本原也。”

韻者，《切韻》是也。此皆文字形體已變，條例未立，自然產生之著作。《切韻》系統中各書序文皆可表見刊正文字製作之意。野王自序云：“微言既絕，大旨亦乖。故五典三墳，競開新義；六書八體，今古殊形；或字各而訓同，或文均而釋異。百家所談，差互不少；字書卷軸，舛錯尤多，難用尋求，易生疑惑。猥承明命，預纘過庭，總會衆篇，校讎羣籍，以成一家之製，文字之訓以備。而學在精博，聞見尤寡，才非通敏，理辭彌躓；既謬先蹤，且乖聖旨。謹當端笏擁篲，以俟嘉猷。”宋有《類篇》、《集韻》，亦爲篇韻對稱。宋修《類篇》，因《集韻》既成，不與《玉篇》相協，乃爲之以相副也。《類篇》後附記及蘇轍序文九例。

其間純粹記錄文字，存世之書則僅有《千字文》（梁周興嗣著，與《玉篇》同時，亦《急就》之流亞）。而兩“篇”、“韻”間，討論篆隸形體同異一以時行文字爲客觀叙錄者則有：《字樣》（顔師古）、《佩觿》（郭忠恕）、《干祿字書》（顔元孫）。《五經文字》（張參）、《九經字樣》（唐玄度）則爲官私刊正字體，釐定所謂“經典通俗文字”者。於是焉《説文》之學亦復衰微，而就其著錄分析偏旁，所謂“字原”之學起。魏《三體石經》著古文，唐人又往往傳訛體古文，開郭忠恕《汗簡》之著作，爲古文字著錄專作之端，大致已成近代文字學之基礎。

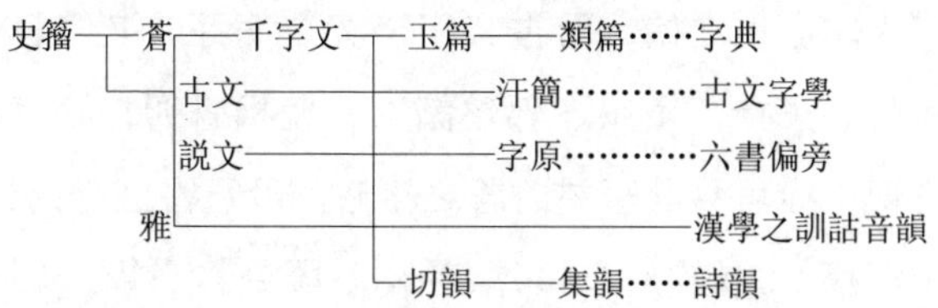

以上自漢至宋，實際文字隸法亦已由漢隸變爲隸楷。

隸之初形，去篆相近，楷則愈遠；故《說文》之學尤顯專門矣。

宋迄現代，純粹研求形體之風日盛而實日歇，蓋有清漢學家，如章太炎先生所云，自戴東原始開語言文字之學之先河也。兹舉有關形體之大者三事：一曰古文字，二曰字典編纂，三曰楷書釋形。古文字研究與其材料之發見情形相應。《說文》："郡國山川往往出鼎彝"。似不識尚多，識之者未廣。但此可知，古文字以種類言，"金文"發見最早也。《漢書・郊祀志》："上有故銅器問李少君，少君曰：'此器齊桓公陳於柏寢。'"又，"美陽得鼎，獻之有司，多以爲宜薦見宗廟。張敞按鼎銘，勒而上議。"晉太康二年（公元 281 年）汲郡不準盜魏襄王墓，或言安釐王冢，得竹簡書數十車，皆竹簡素絲編。簡長二四寸，以墨書，一簡四十字。武帝付秘書，校綴次第，尋考指歸，而以今文字寫之。實爲古文字大宗發現之始，而古文字研究之萌芽。其時，荀勖、束皙、王接、續咸、郭璞諸人，競相研究，於《晉書》各傳中尚可見其著述討論之概略。汲冢書目有：《紀年》十三篇，《易經》二篇，《易繇陰陽卦》二篇，《卦下易經》一篇，《公孫段》二篇，《國語》三篇，《名》三篇，

《師春》一篇，《瑣語》十一篇，《梁丘藏》一篇，《繳書》二篇，《生封》一篇，《大歷》二篇，《穆天子傳》五篇，《周詩》一篇，《雜書》十九篇，凡十六種六十九篇。此外，尙有簡書壞折不識名題者七篇（見《晉書》束晳傳、荀勖傳等）。此次文字體類但能知其爲“古文”而已。其次爲“石文”之發見。唐初秦汧陽石鼓在天興（陝西鳳翔）南二十里許出土。元和十五年（公元 820 年）鄭餘慶遷之於鳳翔府孔廟。五代亂失。宋司馬池復輦置府學廡下。大觀中遷東京開封辟雍，後入保和殿。金人破汴，掠至燕京。於是迄清，皆在國子監大成門下。倭警深，故宮博物院古物南下，今安否不知也（按：鼓現存於故宮）。數凡十，徑約三尺，上小而下大，頂圍底下，四面略作方形者有之，作正圓者有之，銘辭環刻四周（一石淪爲石臼，今故上缺矣）。字體各家以爲“籀文”，文體則合於詩之四言者也。此鼓時代，有周宣王說（韓愈）、周成王說（董逌）、秦襄公之後說（鄭樵，馬衡以十二種秦刻證之，定爲獻公前、襄公後）、宇文周說（金人馬定國）。石鼓存字數：今存 300 左右；宋拓本（天一閣藏已佚，阮元重刻於杭州）462；元潘迪音訓本 386；明安國藏本 380 左右。宋代古器物時時出土，而北宋尤多。宋眞宗“祥符（公元 1008－1016 年）中，郡國所上古器多有科斗文”（夏竦《古文四聲韻·序》，仁宗“皇祐（公元 1049－1053 年）始命大常摹歷代器款爲圖，三館之士，不能盡識”（熊朋來、楊鈞《增廣鐘鼎篆韻·序》）。古器物學與金文研究於北宋始盛，故《宋史·藝文志》乃於小學類加入金石藝術也。自爾開古文字學“材料”與“文字”兩大系統。其初有歐劉李呂之著，李呂爲圖譜，歐爲文釋，而劉爲考究。哲宗元祐（公元 1086－1093 年）中，呂大臨撰《考古圖》、《續考古圖》；徽宗政和（公元 1111－1117 年）中，王楚撰《鐘鼎篆韻》，其後楊氏增廣之，宣和（公元 1119－1125 年）年間，王黼等撰著《宣和博古圖錄》，王俅撰《嘯堂集古錄》，薛尙功撰《歷代鐘鼎彝器款識法帖》。皇祐癸巳（公元 1053 年）洛陽蘇望得三字石經拓本八百一十九字於故相王文康家，刻石洛陽，洪适《隸續》錄之，爲隸書在古文字中研究之始。此經古文夏竦書亦有著錄。以上各方面之紀錄研究，大部涉入史學，而尤以辨別眞贗爲最難事。

清末古物復大出土，晚近乃成“考古”、“古文字”兩大方面。光緒二十五年（公元 1899 年）赫定在塔里木河下航訪查羅布泊位置，在舊址獲樓蘭故城，得晉代木簡；二十六年，河南甲骨出土傳入北京，王懿榮首收藏之（庚子，王氏殉難）；二十八年王氏藏品爲劉鶚得，其後歸於羅。又，二十六年斯坦因始入新疆“探險”，得魏晉木簡。其木簡國內已得見其內容。其得於尼雅河下流古屋廢址者，木簡四十餘枚，爲魏晉物；得於敦煌西北長城之木簡，凡四百七十一枚，爲兩漢物；帛書二，爲魏末至前涼之遺物（得自羅布淖爾以北之古城）；紙片五十一，得自和闐東北一帶之尼雅城、馬咱託拉、拔拉滑史德，無考，疑爲後漢魏晉物。民國十六年（公元 1927 年）斯文赫定西北科學考查團，續有發現，柏格曼（Bergmen）、黃文弼於蒙新索格淖爾得木簡近萬。甲骨文研究之字體，承金文之後，同爲金石家主要範圍。唐宋以來古文字研究以實物材料及對象言，則其流別爲：

甲骨文字研究三時期：孫、劉；王、羅；郭、董。

金文研究之期：阮；許、畢；吳、陳（潘）；端；王、羅；劉。

以表明之，如次：

刻鑄（鈐）	石文	石鼓 石經 碑碣志	篆 古篆隸 隸以下（篆少）
	玉文	磬、禮器 尺、服用器、剛卯	篆 篆隸
	甲文（牙）	卜辭 銘刻	篆以上 篆
	金文	禮器、樂器、彝器、服用器、鏡、印泉、鑪、符、度量衡、兵器	篆隸
寫	匋文 竹枚 簡冊 草隸	禮器、明器、墓志、服用器、專、瓦	篆隸
	髹文	漆器	隸（篆）

《說文解字》乃中國字典著作之開始。前乎此者，倉學急就爲本，以文字爲韻句，依所作文句分其章節。如《急就篇》以“急就奇觚與衆異”開篇，言姓名，言諸物（食品、衣服、顏色及於布帛、賈販、度量衡、編兵連及金屬、金屬器用、竹器、陶器、書具、水蟲、婦女、僕從及起居服飾用具、佩御及於音樂娛宴烹飪、肢體、兵刃、車制、室宅、田疇農事樹藝、畜牧禽獸、疾病連及醫藥、卜祀、喪葬），言五官（先言爲宦之學，次言官次，次言律，次言罰貶及郡名），最後歌頌漢德。

這就是“分别部居不雜厠”的實象。

雅學如《爾雅》，依詁訓類列文字，實爲詞典分類性質，每篇皆冠以“釋”字：詁（上下）、言、訓；親、宫、器、樂、天、地、丘、山、水、草、木、蟲、魚、鳥、獸、畜。

二者皆不以文字本身爲主，《説文》所以兼收其法，謂之“分别部居”。其例前已言之。其部中繫聯之例詳之則有四：其一，名詞在前而動静狀詞在後；其二，以聲韻類次同義；其三，以義近相次；其四，複體、變體（部首爲主）居末。

篇韻之書，繼之而作者，篇則略因其法而稍變（《玉篇》全同，部目亦有變）；韻則以四聲相貫，分韻别紐。

《切韻》至《廣韻》，著録楷書，正俗并舉；《篆韻譜》、《古文四聲韻》、《鐘鼎篆韻》，以韻書部分排列特殊文字；《類篇》，分部依《説文》，列字按韻次；《龍龕手鏡》，以四聲爲次，隨部復用四聲偏旁列之，文字多特别異構者；《四聲篇海》，分部依《玉篇》而有增加，以三十六母爲序，同一字母復依四聲爲次，部中依畫數列字；《五音集韻》，取篇（《玉篇》、《類篇》中字，别以五音，再以三十六字母分章，用其一百六十韻貫穿。此皆以音爲綱，無論其所據之音之系統爲如何也。

依字計畫之編制最晚出。宋李從周《字通》分字以字畫之形爲類是其一類。明梅誕生《字彙》、張自列《正字通》，計畫多寡爲序是其又一類。

字典編制之至於計畫，即文字形體研究演變之客觀方法漸次產生，而文字學上之説解，自亦當有此趨勢。故“楷書釋形”之事亦勢所必出，理所應有者矣。郭忠恕《佩觿》、李文仲《字鑑》、李從周《字通》、葉秉敬《字孿》等應世而出。

四、古今漢字演變的方式和變遷的外緣

將言文字演變，勢不得不先及二問題：一爲文字起源，二爲文字種類。自來謂中國文字起源者莫不稱伏羲畫卦。《易》云："上古結繩而治，後世聖人易之以書契"（《系辭》）。八卦是否即文字，且是否有其物？"結繩"與"書契"之間，《易》文不言八卦也。王筠《說文句讀》："孔子贊《易》，序列聖所作，首以八卦，而别以書契，明非一事。"夫文字之起源，其始人類之所同也，則文字之起源，其種類當爲一普遍問題，不必專言中國，亦不應執言一二發明之人。玆本沈兼士先生"文字之起源及其形式和作用"爲說，則"語言＝思想＋聲音"，"文字＝語言＋繪畫＝思想＋聲音＋繪畫"。文字含意符文字（意字）與音符文字（音字）兩種。容庚《文字學·述造字傳說》，引王安石《進〈字說〉表》

爲起源之理論，而以諸言造字之人爲傳說，用崔述《考信錄》語，致其感嘆。然於《字體之種類》下，則以“八卦”爲文字之權輿！其言曰：“上古未有文字以前，結繩爲治。事大大結其繩，事小小結其繩。其思想至爲簡陋。包犧畫卦，其文字之權輿乎？卦者，掛物象以示人，☰乾☷坤☳震☴巽☵坎☲離☶艮☱兑，天地雷風水火山澤之象。遠取諸物，則乾爲馬，坤爲牛，震爲龍，巽爲鷄，坎爲豕，離爲雉，艮爲狗，兑爲羊。近取諸身，則乾爲首，坤爲腹，震爲足，巽爲股，坎爲耳，離爲目，艮爲手，兑爲口。再推而廣之，爲一切思想事物之符號，如《周易·說卦》所舉是也。三畫確有萬物之象，於萬物變通之理，猶有未盡，故更重之而有六畫，爲六十四卦焉。《說文·序》以庖犧作卦，神農結繩，作卦先於結，殊不爾也。”又曰：“八卦不給於用，斯文字繼之而興。《說文·序》言‘五帝三皇之世，改易殊體，封於泰山者七十二代，靡有同焉’，其言近於浮誇，今莫得而考矣。”

唐蘭、孫海波二家於古文字學多所論列，而論文字之起源，各有不同。孫氏於《古文聲系自序》中別文字爲四科，不與沈先生悉同。其目一爲圖繪，含“引申”、一義引申；二爲象形、象事、象意，含“寖借”、同聲相借義者與此無涉；三爲假借，含孳乳（用爲形聲、體爲轉注），聲皆有義；四爲轉注、形聲，含“或體”（偏旁附益、諧聲或省聲）。唐氏於《古文字導論》“文字的起源和其演變”章中亦别爲四，推究所立大旨，則爲“繪畫”、“注音”二宗。其目爲：一繪畫，二象形文字，三象意文字，四形聲文字。孫氏蓋以六書之舊貫加以新裁，唐氏則别出蹊徑，尤以言語言發生之程序而促成文字之演變爲特别。假以時日，漢語學具有端倪，或者可以論其然否也。

總之，文字初表實名，繼以三種方法而演變云。一爲分化，二爲引申，三爲假借。分化屬形，引申屬意，假借屬音。引申者爲之名曰“象語”，假借者爲之名曰“象聲”。起初但有“象形”、“象意”。象形謂之“名”，象意謂之“文”，象語、象聲爲“形聲”，謂之“字”。

綜以沈先生所揭系統，實無出其右者：

一 文字畫		圖繪	繪畫
二 象形文字	寫實 象徵	象形 象事	象形文字
三 義字		象意	象意文字
四 表音字	半音符 純音符	假借 轉注 形聲	形聲文字

今所言漢字演變之方式者，蓋欲論其二事：一曰形體組織形式之演變，二曰形體組織原則之演變。前者屬於字體本身者，學者往往於不知不覺中屢言不一言，而忽之不重視也。後者則文字學者規規聚訟不息之六書說屬焉。今擬略示其所當因革一本乎文字對象而決定。此二者之演變莫不有其外來之因緣。

形體組織形式之演變，乃以適宜外來因緣而起：一爲工具之適宜，如鏤刻之與書寫不同，而發生鈎勒與劃空之變異，筆之進化質料形制與字畫之相連；二爲施用之適宜，如銅器之與陶器或禮器之與用器不同，雕版書經典與小說殊科，而發生繁簡之變異及工整草率之變異；三爲結構之適宜，如篆隸字體前後之因革，篆文之筆迹小異；四曰人事之適宜，如因諱惡隱讖及行用便捷之變易字體多傳說失眞；五曰美觀之適宜，如用筆之審美而增減組織之形式。一、二爲物質文明自然影響所生之本身演變；三因演變而起之本身演變；四爲社會生活之反映；五爲文字成爲書法之藝術的事實。五事相互間有連帶關係。總此五大因緣，約略得見出文字形體之表現方法的幾件事實：其一，始先隨字畫之多寡作幅員之廣狹，迤後逐漸趨於方整，納於同樣大小之平面方塊中，是結體與筆勢兩者成互相照應之關係。其二，依應用之需求，始終分“繁”、“簡”兩大綱。其三，簡繁兩綱，自由發達，繁者日蹙，簡者益放，而政治力量往往加以限制，即告一停頓。其四，繁綱文字，爲所謂文字學正則材料先後相承而下者，簡綱文字爲所謂文字學別流材料。仔細分析歸納，均有其客觀原則。繁綱文字乃沈兼士先生所分一二三階段中之造作，而簡綱實即沈先生所分第四階段未能正式成立時之造作。蓋先由文字畫而象形文字而意符文字，於形體不容疏略，乃欲趨簡易而疏略之，本已有使形體脫離表形表意之階段，成爲純粹記語之符號的意味也。若以書冊變遷言，則印刷體屬繁，書寫體趨簡。

黃侃論文字製造之先後綱目爲：文、半字、字、雜體。半字含合體、渻變、兼聲、複重，爲會意形聲之原。字又加文，是爲雜體（如牽字從牛玄聲，而加 H 象牛縻）。而歸綜爲“文”、“字”兩科。容庚謂文字學之目的有三：一窮造字之本原，二定文字之義恉，三明演變之程序。其確定文字演變程序之方法，舉規律凡八條：其一，在探究字源之先，宜確定一字之最古形式及意義，幷注意年代。[illegible]。其二，比較甲乙二字，其愈近於圖畫者愈古。[illegible]。其三，比較甲乙二字，其獨體之字較合體之字爲古。止、戈早於武，水、工早於江，丝早於兹，枼早於葉；其四，甲乙二形字，可從其得聲之文而定其先後。如由古而沽、胡，由胡而湖；由㞢（之）而旹、寺，由寺而時。其五，同訓而異名者，宜考察其歷史及地理之關係。其六，同一聲母或韻母之字宜考察其展轉引申之義。其七，形聲之字宜考察其聲中所含之義。其八，凡一種解釋只能適用於一字，而不能適用於與之有相關之字者，不宜採用。

合以唐孫二家之說觀之，純言文字形體者要不能不兼及音義；而文字學之新系統，其需要亦自然表現矣。以故，吾人當於形體組織原則之演變有所討論。

1. 六書條例：漢人所見文字之六種通則，今日材料必當訂改，黃侃以爲可用於一切文字。

2. 古文字通例："因形示意、不拘筆畫"，"偏旁可以易位"，"鏤空與畫廓同意"，三者均形象之徵；"同音假借"，爲音符之徵；"點畫示意"（心理的表現），意符之徵。

3. 隸變條例，詳六、七兩章。

4. 草訣。

5. 簡易行書標準。

凡每一種字體於其紬繹而得之通例，即有文字學史則的價值；必以六書爲主旨乃生“是”“非”正誤之見，今所當除！歸納各體，莫不相類，其原則不外；一曰併分，即字中筆畫之改易；二曰省增，即字中筆畫之加減(外加的一部分)；三曰混化，即因上二事發生之字與字間之現象；四曰變遞，即一字依前二事發生之現象。文字變遷不外乎此四式，若綜合形音各部分之情形，從歷史社會觀念言之，則黃侃以“變易”、“孳乳”言文字變遞（本太炎《文始》例：“音義相讎”謂之變易，“義自音衍”謂之孳乳），視此性質較殊，然於形體上意義則同也，可供參考。

變易三例：

一：字形小變，如丄（古文）、𠄞（篆文），中（篆文）、𠁧（古文），弟從古文𠂖之象，古文𠂖從古文韋省丿聲，篆文民從古文之象，𠇒（古文民）。

二：字形大變，猶知其爲同。如冰凝、求裘、杭抗、云雲，《説文》一字，後世爲二。重文中祀禩、瓊琁亦係一字，後世俗别字由此例生。

三：字形既變或聲轉然皆兩字，驟視之不知爲同，如天顛首囟頂題；丂古文以爲亏（于），亏乎兮余𥝌粵，推原皆爲一字，後世因小變而别造一文。

孳乳三例：

一：所孳之字聲與本字同或形由本字得一見而可識者也。如人仁、儿仁人、馬武、水準、準水、雷類；句够曲笱（曲竹捕魚笱）、䪴緊（纏絲急）堅剛、丩茻（艸之相丩）糾（繩三合）者是；

二：所孳字雖聲形皆變，然訓詁展轉尋求尚可得其徑路者也。其一義二原、同字别解者是。

三：後出諸文必為孳乳，然其詞言之柢難於尋求者也。

文字語言之則例，無個人好惡之是非，而有羣衆舉廢之是非，其是非之意義在得衆心所同然。同然者共便者也。文字上故有“正”、“俗”問題。“正”、“俗”之意晚起，許叔重著《説文》未嘗有此見，其《序》中所稱漢人説字解經義猥説，乃在“未睹字例之條”之失，非字體上之問題也。許瀚對《說文》或體之意見甚精到。許與王君菉友論《說文》或體俗體（《說文詁林》前編下頁281）謂“俗者世俗所行，猶《玉篇》言‘今作某’耳，非對雅正言之而㡿其陋也。凡言俗者，皆漢篆也。躳俗作躬，時通行作躬也。兂俗作簪，時通行作簪也。𠨘俗作抑，時通行作抑也。推之他字皆然。王筠《說文釋例》蓋本其說。張行孚繼之有“《說文》或體不可廢”之說（前編頁285）。觀夫呂忱《字林》風行六代，迄唐猶與《說文》幷重，可知《字林》爲綱羅隸書之著作。《說文》一尊，至唐大盛，《字林》乃亡（江式《表》，前編頁349）！漢魏石經皆定一字體之運動，而未顯然起“正”、“俗”之辨。唐貞觀中顏師古刊正經籍作《字樣》，元孫承之爲《干祿字書》，具言“俗”、“通”、“正”三體。張參《五經文字》、唐玄度《九經字樣》有“經典相承”之名，即字書之“通”。《四庫全書》辨正通俗文字，分“通”、“俗”與《干祿字書》又不同。然前一時期以爲“俗”者，後一時期往往入於“正”。是則正俗無一定之絕對是非可知也。而《干祿字書》三體定義則爲：“所謂俗者，例皆淺近，唯藉帳文案劵契藥方，非涉雅言，用亦無爽，儻能改革，善不可加。”“所謂通者，相承久遠，可以施表奏牋尺牘判狀，固免詆訶。若須作文，言及選曹詮試，兼擇正體用之佳。”“所謂正者，并有憑據，可以著述文章對策碑碣，將爲允當。進士考試，理宜必遵正體，明經對策，貴合經注本。又碑書多作八分，任別詢舊，則有此區別。”《四庫全書》辨正通俗字云：“正者，斯字之本體也。”“通者古今繁簡不同，凡隸省及前代碑搨可增者也。”“俗者承襲鄙俚，《後漢·儒林傳》所謂別字今轉音謂之白字斷不可從者也。”

是則：正爲舊體，俗爲新作；正爲通行常用，俗爲特殊製作（別字出焉）；正爲今字，俗爲古體。俗字者，某一時代文字體勢在應用上繁簡自然變遷之表現也。俗字與誤字、誤字與別字、俗字與別字，皆所當辨。

五、從殷周文字到秦漢文字的概況和漢人所傳的字體種類

今日古文字學範圍蓋即包括此階段之文字。玆分爲兩方面：一爲向來記載上所相傳者，二爲近代材料上所表現者。第一方面即指漢人所傳之字體種類，其時代只可達秦初也。

許氏《說文》所載字體：古文、籀文、篆文、秦刻石、或體、奇字。《漢・志》小學家錄：《史籀》十五篇，周宣王太史作大篆十五篇，建武時亡六篇；八體六技；《蒼頡》一篇，上七章秦相李斯作、《爰歷》六章車府令趙高作、《博學》七章太史令胡毋敬作；《凡將》一篇，司馬相如作；《急就》一篇，元帝時黃門令史游作；《元尙》一篇，成帝時將作大匠李長作；

《訓纂》一篇，揚雄作；《別字》十三篇；《蒼頡傳》一篇；揚雄《蒼頡訓纂》一篇；杜林《蒼頡訓纂》一篇。《漢・志》以外有：班固十三章，隋唐《志》“班固《太甲篇》、《在昔篇》各一卷”；賈魴《滂喜篇》（《隋・志》）此中以八體六技爲可表現形體之種類者，餘皆以掇聚一體文字爲主者也。

關於八體。

《說文・序》引“尉律”有八體之名，段氏《注》據以正班《志》作“六體”之誤。八體者，《說文》所謂“自爾秦書有八體”下所列也。唐初徐堅《初學記》則爲：一曰大篆，周宣王史籀所作也；二曰小篆，始皇時李斯、趙高、胡毋敬所作也（大小篆幷簡冊所用也）；三曰刻符，施於符傳也，若陽陵虎符、新郪虎符；四曰摹印（許列爲五），施於印璽也，若馬廄將章；五曰蟲書（許列爲四），爲雀鳥之形施於幡信也（鳥書、蟲書、鳥蟲書）；六曰署書，闕題所用也（榜書）；七曰殳書，銘於戈戟也，若呂不韋戈；八曰隸書，始皇時程邈所定，以行公府也，若漢武帝木簡。漢初用以課試，武帝元朔五年（公元前 124 年）用公孫弘言，通一者以上補卒史，顧有《尉律》不課。西漢之世，八體閭里書師相傳習而已。就其形體觀之，似並無絕異之處，不過以殊應用而異名耳。

關於六技。

《說文·序》所稱亡新"六書"也。班《志》與許《序》名目小異，次第相同。許氏之名目如次：一曰古文，孔子壁中書也；二曰奇字，即古文而異者也；三曰篆書，即小篆，秦始皇帝下杜人程邈所作也；四曰左書(班名隸書)，即秦隸書；五曰繆篆，所以摹印也；六曰鳥蟲書（班名蟲書)，所以書幡信也。唐孔穎達《尚書正義》："亡新於秦八體用其小篆、蟲書、摹印、隸書，去其大篆、刻符、殳書、署書，而加以古文與奇字。以慕古故，用古文、奇字而不用大篆也。"段氏《說文·序》注："按秦文八體尚有'刻符、署書、殳書'，此不及之者，三書之體不離乎摹印、書幡信之體，故舉二以包三；古文則析爲二以包大篆，莽意在復古應制作，故不欲襲秦制也。"謝啓昆《小學考·八體六技》："當是漢興所試之八體，合以亡新改定之六書。'技'字似誤。蓋以古文、奇字，易大篆、刻符、署書、殳書。篆書即小篆，左書即隸書，繆篆即摹印，鳥蟲書即蟲書。"沈兼士先生主謝說而以爲刻符、殳書、署書皆小篆之別於用者，而奇字爲古文、大篆之別寫，繆篆爲摹印支派而略有更改。容庚主張班《志》原文六體之說，而謂即新莽之六書："班氏所云漢興之六體，即許氏所云亡新使甄豐校定之六書。班氏以爲試學童以六體，許氏以太史試學僮以八體，其說互異。韋昭班《志》注、衛恆《四體書勢》、江式《求撰集古今文字表》皆本許說。班氏所云古文，殆指周以前文字。而許氏則專指壁中書，故以六書屬亡新，八體屬之秦，似不若班說之可據也。"《漢志》："漢興，蕭何草律，亦著其法曰：'太史試學童，能諷書九千字，乃得爲史；又以六體試之，課最者以爲"尚書令史"' 吏民上書，字或不正，輒舉劾。"段注《說文》："八體《漢・志》作六體，考六體乃亡新時所立，漢蕭何草律當沿秦八體耳。"容氏以見存文字證六體而列十目，不言秦新之別也。是即第二方面所欲言者：

大篆，即漢傳之《史籀篇》，大部見《說文》正文及重文。其中古文即漢末所出壁中書，大部為《說文》采入，魏《三體石經》之古文亦由此出；奇字，即古文而異者，《說文》中引見。

小篆，即篆書，即李斯、趙高、胡毋敬所作

《倉頡》、《爰歷》、《博學》，《説文》收入；此外，秦刻石，泰山琅琊臺尚傳世。

刻符，無考，意刻於符節，如傳世之秦虎符。

蟲書，亦名鳥蟲書，間見於古兵器、璽印中，如漢永受嘉福瓦亦是。

摹印，繆篆，所以摹印，今傳世周秦兩漢印璽即此體。

署書，無考。

殳書，無考。段《注》云："言殳以包凡兵器、題識，不必專謂殳，漢之剛卯亦殳書之類。"

隸書，亦即左書。秦之隸書今無者。吾邱衍謂即秦權量刻字。漢碑除五鳳二年石刻外皆東漢物。

若按實例，綜別殷周秦漢文字，則其種類實不外四項：古篆、今篆、隸、草，即

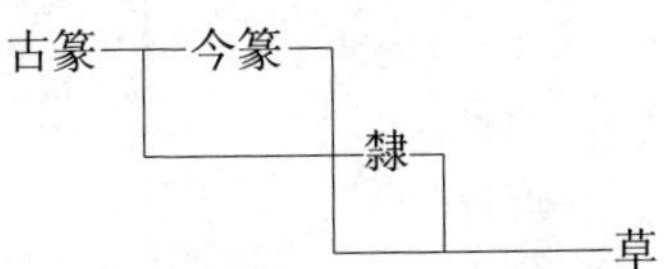

古篆者，指秦以上文字，包括舊古文、大篆、籀文各種

分類。今篆者，秦漢篆書也。

大篆
甲骨文
金文：彝器、泉布、印璽。
匋文
古文：壁中經及三體石經用字。王説爲東土文字，即科斗書。
籀文：《漢志·注》與壁中書異體。王説西土文字。
秦刻石
楚器简
今篆
秦篆（小篆）：刻符、殳書、署書。
漢篆：《説文》結體、通人説、漢時新字（以説解定之）。
繆篆：摹印文字，封泥、印璽
鳥蟲書
隸書
秦隸：未見。疑爲破篆之方整之草率者，如詔版。
漢隸
無挑。
有挑：八分。
草書
漢代簡牘

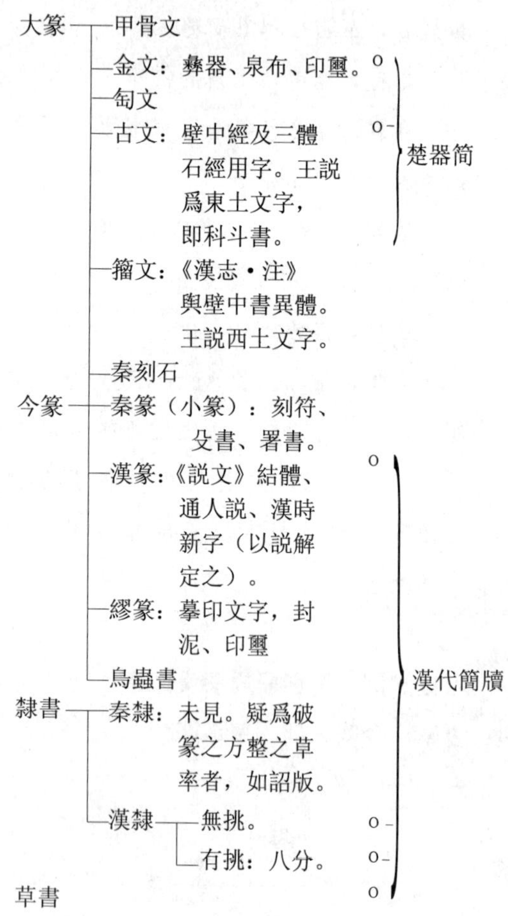

殷周文字與秦漢文字之同類者唯篆一種，其大別有三點：其一，結體上，甲骨、金文等於殷周期不求整齊(甲骨較方)，至秦漢期則歸於方整（其中亦漸變如此者)。其二，殷周期文字有合文，秦漢間存一二而已。其三，文字畫在殷周期尚存一二，秦漢期歸於絕迹，乃以文字本身作裝飾用，如瓦當及鏡銘。

在繁簡兩綱之觀念上察其變遞，企可得其梗概。

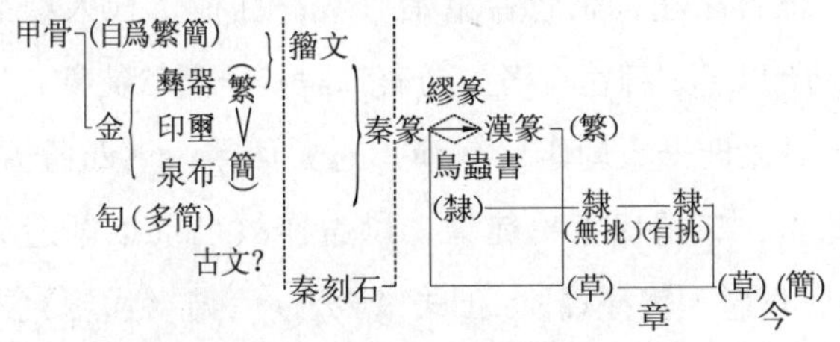

欲了解殷周秦漢文字情形者，下列著述，可資參考：

《甲骨文編》(孫)　　《金文編》(容)

《金文續編》(容)　　《十鐘山房印舉》(陳)

《繆篆分韻》(桂)　　《古璽文字徵》(羅)

《漢印文字徵》(羅)　　《陶文舂錄》(顧)

《封泥考略》(陳、吳)　　《石刻篆文編》(商)

六、漢隸的地位和它形體上的特點

隸書之起，說者皆謂始於秦，且稱下杜人程邈所作。所以名“隸書”者，乃有二説：一謂於徒隸，以用爲名（謂非一人創作），《漢・志》與衛恆《四體書勢》主此說：二謂程邈爲徒隸，以邈作故名（以創造者爲名），蔡邕《聖皇篇》、江式《表》、徐鍇《通釋》主此說。而唐張懷瓘《書斷》合二説爲一。新莽左書，許慎謂之“隸書”。漢承秦後，課吏以“律”、“書”及經，則所謂“施之徒隸”之説與“令隸人佐書”之事當可信（猶後代公牘不能作草行書，前政府通令簡體字可施於正式文書，意同）。今傳實物出土有漢武時木簡隸書（酈道元《水經注》記齊胡公棺和“字同今隸書”，蓋言其結體耳）。玆將諸說匯合於下：

“秦時始造隸書，起於官獄多事，苟趨省易，施之於徒隸也。”（《漢·志》）

“秦既用篆，奏事繁多，篆字難成，即令隸人佐書，曰隸字。漢行之，獨符、印璽、幡信、題署用篆。隸書者，篆之捷也。”（衛恒《四體書勢》）

“程邈刪古，立隸文。”（蔡邕《聖皇篇》）

“隸書者，始皇使下邽人（《説文》作下杜、庾肩吾《書品》作下邳）程邈附於小篆所作也。以邈徒隸，即謂之隸書。”（江式《表》）

“王僧虔云：‘秦獄吏程邈善大篆，得罪始皇，囚於雲陽，增減大篆體，去其繁複，始皇善之，出為御史，名其書曰隸書’。”（徐鍇《説文系傳·通釋》）

“隸書者，秦下邽人程邈所作也。邈字元岑，始為縣獄吏，得罪始皇，幽繫於雲陽獄中。覃思十年，益小篆方圓而為隸書三千字奏之，始皇善之，用爲御史。以奏事煩多，篆字難成，乃用隸書，爲隸人佐書，故曰隸書。”（唐張懷瓘《書斷》）

“按漢之取人，蕭何初利用‘律’及‘八體書’，迄於孝武，依丞相御史言，用通一藝以上補卒史，乃後吏多文學之士，合《説文》、《藝文志》及《儒林傳》參觀可見。蓋始用律，後用經，而文學由之盛；始試八體，後不試，第聽閭里書師習之，而小學衰矣。”（段玉裁《説文注》）

“臨淄人發古冢，得銅棺，前和外隱起爲字，言‘齊太公六世孫胡公之棺’也，唯三字是古，餘同今隸書，證如隸字出古，非始於秦時。”（酈道元《水經注》）

“若爾，則隸法當先於大篆矣。案胡公者，齊哀公之弟靖胡公也，五世六公，計一百餘年，當周穆王時也；又二百餘歲宣王之朝，大篆出矣；又五百餘載至始皇之世，小篆出焉。不應隸書而效小篆。然程邈所造，書籍共傳，酈道元之説，未可憑也。”（又，唐·張懷瓘《書斷》）

容庚云：“今傳世權量所載始皇及二世詔書，爲篆爲隸，不易分别。草率者其隸書，工整者其篆書乎?”其説甚有見地。“書體之分，其始也本無大異；其卒也，相去日遠而區以别矣。故從無點畫俯仰之勢之秦隸漸變而爲方折有挑法之漢隸，其名則同，其實則異。漢金文字多爲印章繆篆之體，元延元年萬歲宮鐙，四年臨虞宮鐙，熹平六年鐘，則與隸漸近，而去篆漸遠。碑刻若魯孝王刻石（五鳳二年），萊子侯封田刻石（新莽天鳳三年），開通褒斜道石刻（永平六年），延光殘碑（延光四年），永建黃腸石，北海相景君碑（漢安二年），皆略具挑法之隸。後此而挑法大著，桓靈傳世諸碑是也。”更觀《流沙墜簡》與《漢晉西陲木簡匯編》所印有年號者，其字體情形大體爲：西漢武帝天漢、太始，宣帝本始、元康、神鳳、五鳳、甘露，元帝永光，成帝陽朔，平帝元始，孺子嬰居攝，新莽始建國、天鳳、地皇，東漢光武帝建武，明帝永平，即公元前 100 年至公元 75 年，此期簡文爲隸雜草；而章帝建初、元和，和帝永元，即公元 76 年至公元 104 年，簡文爲草體；順帝永和，桓帝永興，魏陳留王景元、咸熙，晉武帝泰始，懷帝永嘉、愍帝建興，即公元 136 年至公元 316 年，此期簡文則正雜草體。

由此演變觀之，隸之於篆，實是一貫相承，而大齊不離本宗者也。初爲秦漢方篆之雜草意者，而後去其草後就方整。故漢隸與篆之間一若相去絕遠，而其地位則極重要。吾人可謂漢字形體上之絕對變異者當爲篆與草，而從中調和者是爲隸。隸之所以先無挑法而後有挑法，即此地位之表現。

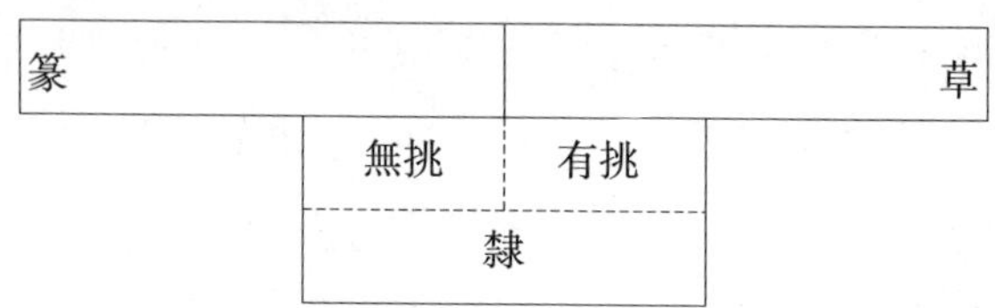

挑法之名，即所謂用筆有“波”、“磔”也。此現象表現於形體上之特點，即漢字從此有書法上之筆勢名稱，且省筆順書法上之種種另成專門，而以“永”字八法爲最知名。説者謂爲王羲之所創，然著錄始見於唐張懷瓘《書斷》也。

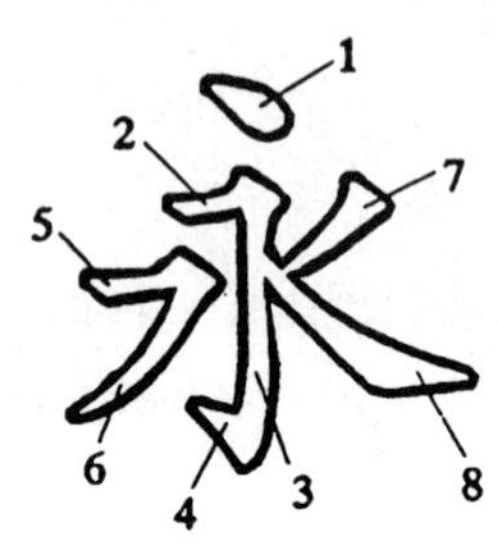

1 側（點），2 勒（橫畫），3 努（直畫），4 趯（鈎）（挑），5 策（斜畫向上者）（剔），6 掠（撇）（波），7 啄（短撇），8 磔（捺）。（唐以前稱眞爲隸，稱漢隸爲古隸。）

由此一綫之演變，於是隸分“今”、“古”。古指漢隸而言，今隸指後世“眞書”也。“眞書”（劉宋）一曰“正書”（南齊），又稱“楷書”（晉）。自木簡中觀之，大抵魏晉而下始肇其端，六朝迄唐最爲發達。篆隸異在體勢，隸正異在筆勢，實均受草化（舊說草爲隸捷），蓋隸不變篆勢，草變篆之體勢，先有波磔也。此種草書，稱曰“章草”。後世上下章連而加速者爲“今草”(唐宋盛行)。

隸篆之異，唐林罕《字原偏旁小說・自序》曰：“隸書有拋篆者（女、身)，有全違篆者（庚、曲)，省減篆者（夏、隆)，有添篆者（聳、滸)，有篆隸同文者。在篆體則可分辨變，隸體則多有義異而文同，篆亦有之。”顧藹吉《隸辨》條例有：

隸同：一、二、三、王、玨、士、屮。

筆迹小異：示、小、八、干。

隸加：玉。

隸變：血、麥、青。

隸省：艸、牛。

經典相承：廾、小、八、干。

隸訛：豊、帍、旱。

隸變而混：卉、芔，萈、萈。

隸變而訛：扵。

隸借：主、丶，氣、气。

蒐集隸書之書者有:《流沙墜簡》(羅),《漢晉西陲木簡匯編》(張),《隸釋》與《隸續》(洪),《漢石經殘字集錄》(羅),《隸韻》(劉球),《隸辨》(顧)。

七、篆隸辨從（列綱目，内容暫略）

其一，體變之辨：增加偏旁且偏旁固定，其特點爲字多分其用。

其二，用變之辨：音義爲主，字有借代廢置，以便、易爲原則，體用相參，特點字多混其用。

此兩種皆以《説文》爲主而作比較研究。

體變乃因歷史事實之自然演進，影響文字之形體或意義（即添出新字）。所謂“歷史事實”或爲政治設施的、或爲文化交流的、或爲風俗習慣變遷的。

用變乃因形體增益而影響語言之單位（即添新音乃至新詞）。字有通用、有專用（歷史的、翻譯的、方言的）。

在此兩類文字之變遷上，則有：變義不變形；製造新形。

八、魏晉以下的書法給予漢字形體的影響

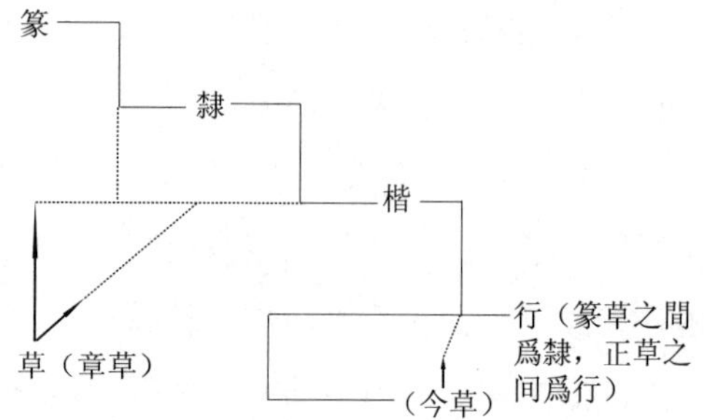

漢代篆文漸趨衰歇，盛行章草與隸。雖曾以書課吏，尚非爲書法藝術。中國書法史首稱鐘（繇）王（羲之），大抵書法起於魏晉間也。其故，蓋即漢武以後不以書體課吏，乃成爲學人精研深究之書道。前言筆法名稱即是隸書演變入眞書後之收穫。此一收穫即令字畫有一固定之範疇。同時結體上則極呈變化紛雜之大觀，所謂六朝別字是也。是魏晉以下書法對於漢字，一方筆勢

上趨於固定，一方體制上入於不定；原來體定而勢動，成隸草之分野，至是體動而勢定，開楷行之部局。楷書之名，始見《晉書·李充傳》："充善楷書，妙參鍾索，世咸重之。……充足式亦善楷隸。"衛恆言張（伯英）"下筆必爲楷則"。"楷書者"，規規矩矩的寫法也。其稱"正書"、"眞書"，意亦相同。

南齊王僧虔答高帝："臣正書第一，草書第二；陛下草書第二，正書第三。""正書"名始此。見傳晉磚文字尙有可見隸意者，晉人寫經兼存草法。故楷之出於隸，一如隸之出於篆，而行之蘊蓄於楷獨立時，實亦如楷之蘊蓄於隸獨立時也。就體勢言，楷行又一如隸楷同受草化。因此有所謂"草隸"者，當指楷若行耳。容庚以爲草書、正書二名如是。《晉書》、《南史》、《北史》、《唐書》稱王獻之、辛謐、王僧祐、孔琳之、謝朓、蕭子雲、劉孝綽、王伯茂、蔡景歷、蔡凝、趙彥深、房玄齡、裴行儉等工草隸。

行書者，張懷瓘曰："即正書之小訛，務從簡易，相間流行，故謂之行書。"王愔《文字志》："晉世以來，工書者多，以行著名，鍾元常善行書是也。"王氏及其子，最造峯極。衛恆曰："魏初有鍾（繇）胡（昭）二家爲行書法，俱學之於劉德昇，而鍾氏小異。”張懷瓘以來遂謂德昇創行書也。宋《宣和書譜》曰：“自隸法掃地，而眞幾於拘，草幾於放，介乎兩間者，行書有焉。於是兼眞者謂之‘眞行’，兼草者謂之‘行書’。”

草書，傳說自後漢張芝變爲“今草”，去章草之波磔，益加牽連，運用使轉；至唐張旭、懷素出“狂草”。前述“筆迹小異”與“經典相承”者皆是書法上之現象。蓋筆法使字畫有一定，而因美觀或便捷之原因往往變動其體勢，其小焉者，則爲此二端。

<table>
<tr><td colspan="2">篆</td><td colspan="3">章草</td><td>今草</td><td colspan="2">狂草</td></tr>
<tr><td rowspan="2">不變體
（而不全同）</td><td>圓轉</td><td colspan="2">波磔</td><td colspan="3">筆畫不定</td><td rowspan="3">變
體</td></tr>
<tr><td colspan="2">隸（分）</td><td colspan="4">行</td></tr>
<tr><td colspan="2">筆畫固定</td><td colspan="5">楷（隸）</td></tr>
</table>

（容庚以爲“八分，晋以後名隸書者”。）

綜觀筆法發生以來，在文字上之影響，可謂取“拘”、“放”二勢之中和，而使字體上於“繁”、“簡”兩綱漸求合一。此合一之象徵，即唐宋以下之俗字是也。

《金石文字辨異》（邢）、《金石文字辨異補編》（楊紹廉)、《碑別字補》(羅)、《楷法溯源》(楊存敬編，潘存輯)、《法帖》、《字彙》(草）等書，可資參閱。

九、唐宋間字書所記載的形體變遷的大端

前講已申述書法在漢字形體上演成“筆迹小異”、“經典相承”二事。其正式記載，顧野王已開其端（《玉篇》）。前乎顧之呂忱之《字林》，或亦已然，今不可考。林罕曰：“唐將作少監李陽冰就許氏《說文》復加刊正，作三十卷，今之所行者是也。其時，復於《說文》篆字下便以隸書照之，名之《字統》。開元中，以隸體不定，復隸書《字統》下錄篆文，作四十卷，名曰《開元文字》。自此，隸體始定矣。兼改古文《尚書》‘無平不陂’字，即其類也。先已有《九經音義》及《切韻》、《玉篇》行焉。大歷中，司業張參作《五經文字》三卷，凡一百六十部。……開成中，唐玄度以《五經文字》有所不載，復作新加《九經字樣》一卷，凡七十六部……俗有《隸書賦》者，假託許慎爲名，頗乖經

史，據《顔氏家訓》云，‘斯實陶先生弟子杜道士所爲焉，大誤時俗，吾家子孫不得收寫!’又有《今古隸書端字决疑賦》，更不經於《隸書賦》，當今之世，不可學之。又有文下作子爲學、更旁作生爲蘇，凡數十百字，謂之‘野書’！序有敕文，明加禁斷，今往往見之，亦不可輒學。顔眞卿（按爲元孫之誤）譔《干祿字書》一卷，每一字作三般，即注云‘上正中通下俗’，既合標題，合有褒貶，全無與奪，亦無取焉。其道書、鬼書、天篆、章草、八分、飛白、破體、行書，無益於字，此亦不錄。”《干祿字書·序》曰：“字書源流，起於上古，自改篆行隸，漸失本眞。若總據《説文》，便下筆多礙。當去泰去甚，使輕重合宜。取……參校是非，較量同異，其有義理全僻，罔弗畢該；點畫小虧，亦無所隱。勒成一卷，名曰《干祿字書》。以平上去入四聲爲次，具言俗通正之體，偏旁同者，不復廣出，字有相亂，因爲附焉。”蓋林罕推尊《説文》，不以字書爲然。今衡以客觀價值，晉唐之間文字得存其自然痕迹於鱗爪者，當推此書也。“俗”、“通”、“正”前已言之。又間接叙述當時一般文字狀况者，有釋家所著經音義，慧琳百卷本其最著者也。書中每指正經中字某形，皆寫經人之俗作

(慧琳說唐俗字)，頗能言其體變之由。韻書中多羅入當時變體。今《廣韻》所明注者，約略可分七例：一爲增加偏旁，成形聲字；二爲便給取用另一形體（或聲讀相同者、或結體變易者、或改換形旁者、或增加諧聲聲母之形旁者、或增減筆畫者)；三爲減少偏旁成新形聲字；四爲另作會意字；五爲另作形聲字；六爲改諧聲聲母而爲省聲重形；七爲新造字。周廣順初年（遼穆宗應歷元年，公元 951 年）郭忠恕《佩觿》總述文字演變事實之"三科"、"十段"，是爲唐宋間漢字變遷大端之綱要。

"十段"者，以四聲列例，辨字混似也：平聲自相對、平聲上聲相對、平聲去聲相對、平聲入聲相對、上聲自相對、上聲去聲相對、上聲入聲相對、去聲自相對、去聲入聲相對、入聲自相對（例詳於書中)。

"三科"言文字變遷之因緣也：其一曰"造字之旨始於象形，中則止戈、反正，而省聲生焉"，以下形變：矛楯；立教；逸駕（含隸省、隸加、隸行、隸變)；相承；遷革；淺陋；野言；備率；濫讀；寓言；鄉僻；離合；祛惑；獨擅；不典；繆誤；蕪累。其二曰"四聲之作，始於譬況，中則近煙爲殪，而翻譯生焉"，以下音變：約文（含四聲、一韻、旁紐、別字)；求意；交相；

務省；疑韻；拘忌；變古；避諱；聲近；方言；轂音；清濁；贅韻；尙俗。其三曰“傳寫之差”：順非；浮僞；附語怪（例見書中上卷）。

遼僧行均《龍龕手鏡》尤爲可貴，其中多唐五代間一切經隨函文字。《類篇》、《集韻》、《五音集韻》、《四聲篇海》，亦蒐羅甚廣，可資整理。

十、隸古定與“説文體”及行草真寫

文字本隨社會需要而生滅。故古今字書所著錄者，當各有其代表時代之價值。第八講所指明的形體演變中產生之體制，與第九講叙述形體演變上應用之條例，其間有一相映照且成因果關係之事實：厥爲“隸古定”與“説文體”及行草眞寫。《佩觿》曰：“更見《尚書》宋齊舊本，隸寫古文，學者知之，不可具舉。”孔安國《尚書·序》：“以所聞伏生之書，考論文義，定其可知者爲隸古定；更以竹簡寫之。”孔疏：“存古爲可慕，以隸爲可識，故曰‘隸古’，以雖隸而猶古也。”陸德明《釋文·條例》：“《尚書》之字，本爲隸古。既是隸寫古文，則不全爲古字。”陸游曰：“孔安國《尚書》序言爲‘隸古定’，更以竹簡寫之。隸爲隸書，古爲科斗。蓋前簡作科斗，後一簡作隸書釋之，以便讀誦。近有善隸者輒自謂所書爲‘隸古’，可笑也!”敦煌石室曾有此種文字之《尙書》發現，羅氏收入《鳴沙石室佚書》。其古文與魏《三體石經》古文相近。郭忠恕之《汗簡》所錄古文凡十二名加“古”字者：《古文尙書》、《古周易》、《古周禮》、《古禮記》、《古月令》、《古孝經》、《古春秋》、《古樂章》、《古毛詩》、《古論語》、《古爾雅》、《古老子》。此外有《說文》、《石經》等，皆中古相傳不知所從來者也。

此可見隸與古篆初雖不變體，但不必全同也。傳本隸古定《尙書》則纖末悉照古文結構，用楷隸筆勢書之而已（可斷言其非也!），在漢字史開一別流。

隸古定風氣相似者則爲“說文體”。此風自淸儒開端，其最高峯當推章太炎國學講習會時期。如《章氏叢書》所用字體可證驗也（《說文部首韻語》）。唐玄度《九經字樣・序》曰：“總據《說文》，即古體驚俗!”

以上二者係人爲的一種字體，變勢不變其體。本爲正俗，反爲矯俗。唐人能主“相承久遠”之義例，於釐正經典時亦且行之，所以順變也。“隸古定”不過爲一二專書傳授上之特徵，非欲遍行閭里；故“說文體”之提倡，在“貴古賤今”之心理引導下，固可以歆引一部分學人故作典雅，而以實際切用求達便俗宜民之目的自不可能，且終歸於失敗耳。然流俗字體雖不合於學人所奉千餘年前之六書條例，而其自然狀況中亦未嘗失其倫紀。此倫紀者可以二語見之：一不爲艱僻，二不爲放誕。普通社會大衆生活標準，所謂“平易近人”而已。艱僻者與放誕者，過猶不及，其失維均；其不能便宜一般需要則相同也。故上二講所言，漢字演變至於唐宋以來，篆隸視同史迹，而草書迄於現代。實行於民間者，楷行二體爲大宗。蓋以“勢”言，草隸之中和爲楷行；其“體”尚有未盡簡單者，則復取與楷若行之中和爲簡體焉。此近代“俗字”所以生長之故也。

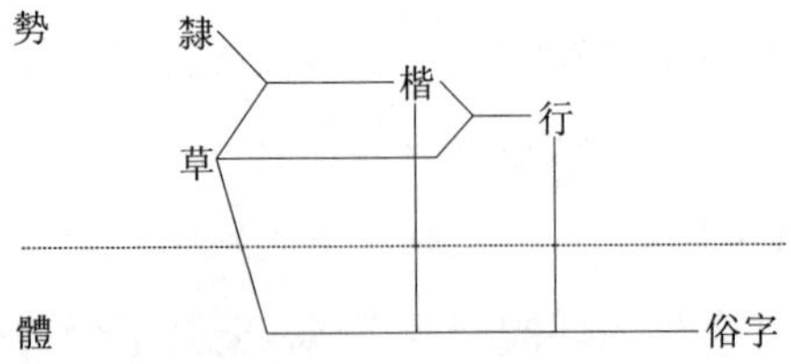

近代俗字在形體方面之變化過程大部含有若隸古定或說文體之性質的作用：以眞書體勢寫定行草也。草用“使轉”、“連筆”爲簡省代表（行亦有部分相同），楷必點畫釐别，前者不易捉摸，而後者便於識别。故行草書後有以眞書寫之之趨勢。文字上往復循環互相影響，驟言之若無甚區別，細察之所謂演變之跡即其互相影響之關係的解釋也。如“書→[illegible]→書”、“盡→[illegible]→盡”等。顏元孫《字書·序》所謂“去泰去甚，要其輕重得宜”確爲文字進展之俗字形體上變化之條件即本乎此。

十一、漢字分部問題與中國字典

第三講曾述及字典之編制，其大要之變遷爲：

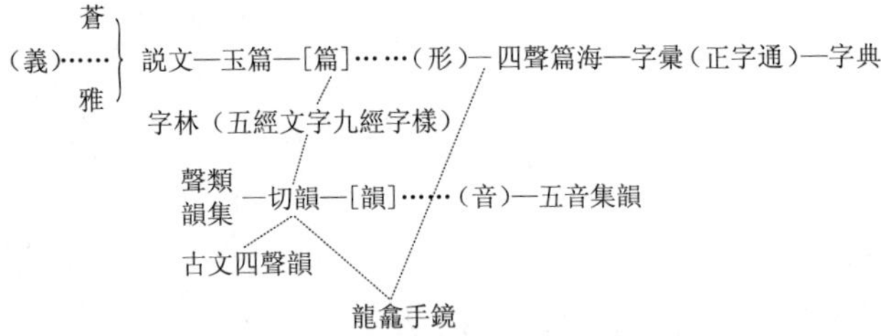

《說文》之字形分部爲文字學的，專主古篆，據形繫聯，凡五百四十，故其起訖，爲一整個訓詁系統，始“一”終“亥”。《玉篇》承之，而所著錄字體爲隸楷，既有省變，與《說文》不復全合，故實有變革。兩者相較，異同如次：以部數言，《說文》爲540，《玉篇》爲542；以終始言，均始一終亥，而後者部次與前者不同，有兩條標準——其一爲義類相蒙，如土、垚、堇、里、田、畕、黄，其二楷形構類，如丸、次、九、後，云爲雲古文；後者刪《説文》部首 10 而分立新部 12（刪𦣹、畫、教、眉、𠨍、㱃、后、介、弦，立吅部單、品部喿、十部丈、聿部書、卜部兆、韻部尢、木部𣏟、𣎵部索、石部磬、雲部云、廠部弋、几部處）。此據今本而言者也。日僧空海《篆隸萬象名義》據原本《玉篇》部次，則略有出入。原本與今本相異者如次：其第四卷 21 部，較今本多一部，蓋有𦣹、眉而無盾部也；第十二卷 4 部，較今本減一部，蓋無東部也；第十四卷 30 部，較今本增一部，以插入耒部也；第十五卷 38 部（以耒部出卷，故較今本減一部）；第十六卷 24 部，與今部數雖同，而皿、重兩部對易；第二十一卷 30 部，部數與今本同，然大、奢兩部次序顛倒；第二十九卷 52 部，部數同，唯錄部部次有異。

張參《五經文字・序》曰："採《説文》、《字林》諸部，以類相從，務於易了，不必舊次。"是則在《玉篇》以外又出一支。《九經字樣》則於末尾加出"雜辨部"，以該其不足成部者（疑爲《字林》系統）。《五經文字》爲 160 部，《九經字樣》爲 76 部。《龍龕》全以偏旁分部，雜部之法，蓋承唐規，合 242 部，其平聲 97 部，上聲 60 部，去聲 26 部，入聲 58 部，雜部 1 部。《四聲篇海》韓道昇《序》：“自梁大同間，黃門侍郎顧野王肇修《玉篇》，立成三十卷，計五百四十二部。”“至唐處士孫強增加字數……《集韻》、《省篇》、《川篇》、《類篇》雜沓而興。其取字加損各擅其能。又至大朝甲辰歲（金世宗大定二十四年、宋孝宗淳熙十一年），先有後陽王公與秘……推而廣之，以爲《篇海》，分其畫段，使學人取而有準，其間疏駁，亦以頗多。”此點表現漢字分其畫段，始於遼金之交，而必因外族應用上之不便而苦心以求以得之方法也。《序》繼云：“復至明昌丙辰（章宗明昌六年，是年十一月改元承安，爲宋寧宗慶元二年，公元 1196 年）有眞定校得元注指玄。韓公孝彥，字允中，著其大法，未盡其理。特將己見，創立門庭。改《玉篇》歸於五音，逐在三十六母之中取字，最爲絕妙。此法新行，驚儒動衆。自古迄今，無以加於斯法者也。”對照聲韻學史，於此可知，三十六母系統成立以後，聲韻經緯始備，故《龍龕手鏡》“以平上去入爲次，隨部復用四聲列之”，而其排列不能緫理也（或者爲三十字母系統）。《序》又曰：“又至泰和戊辰（金章宗泰和八年，宋寧宗嘉定元年，公元 1208 年）有先生次男韓道昭字伯暉，搜尋古範，考校前規，再行規矩，改併增新，詳其理，察其源，皆前之所未至，使後人之所指漏者焉……仍依五音四聲舊時畫段，分爲一十五卷。取敍目爲初，見祖金部爲首，至目母自部方終。此於五音舊本，增加字數計一萬二千三百四十五言，目之曰《五音增改併類聚四聲篇》，不亦宜乎？”其書徵引諸書：《玉篇》、《餘文》、《奚韻》、《類篇》、《龍龕手鏡》、《川篇》、《對韻音訓》、《搜眞玉鏡》。

韓道昭改定《四聲篇海》爲四百四十四部，情形如下表：

《玉篇》542部 篇末雜部37部	579部	444部
併部　135部	併《玉篇》121部 併《手鏡》13部 《玉篇》重出2部 脱1部	

何以至遼金之際在漢字分部上起此變化？外族人對漢字之分析研究之故也。《篇海》至明時盛行，時又改作，稱《海篇》。

隸楷發達以來，最普通之字典當是：晉之《字林》、梁之《玉篇》、宋之《類篇》、金之《篇海》、明之《海篇》。以上皆篇帙鉅繁之書，不便俗用。至明萬曆乙卯年（公元 1615 年），梅膺祚作《字彙》。梅《序》曰："宋學爲書以傳者無慮數十家，要不越形聲相益而已。《說文》、《玉篇》皆立端於一，畢終於亥；是後或次以四聲，或辨以六書，權以子母，族類别生，固未有顓言數類者。《篇海》從母以辨音，亦嘗從數以折類，惜乎其本末衡決，繙拾棘艱也。吾從弟誕生之《字彙》，其端其終，悉以數多寡。其法自一畫至十七畫，列二百十有四部，統之三萬三千一百七十九字。每卷首爲一圖，俾檢者便若指掌，閲者曠若發矇。"

聞言不知形，由言以求形，音綱之法得其用；見形不知音，由形以求音，形綱之法不可少。上述《玉篇》（《說文》同、《字林》當同）、《類篇》，義綱之法，非學人專研者無由應用。《篇海》於形綱之下欲求其共同標準，乃有計畫之法。《四聲篇海》混合，《海篇》開端，《字彙》成功。形音二綱，有齊一發展之功，而同時反令窒礙，形綱日蹙。夫反切不得不進步爲拼音文字，爲文字表音方法上之必然趨勢；在文字形體編旁方法，據形繫聯不得不進步爲分其畫段，其理實同。"顓言數類"

之法乃應一般需要而興。此其法必有數事爲固定條件：其一字體固定，其二部從分明。

《海篇》、《字彙》而後有《正字通》（廖綸璣康熙九年刻十二字頭引，本張自烈作），後一書約作於公元1615—1670年之間，全同於《字彙》。至康熙五十五年（公元1716年）《康熙字典》成，則全以《正字通》爲藍本，其中分集，《字典》更加詳細。全書分子、丑、寅、卯、辰、巳、午、未、申、酉、戌、亥十二集，每集各分上中下。玆列每集部首數、筆畫數、部首於下表：

<table>
<tr><th colspan="2">集　名</th><th>筆畫</th><th>部　首</th><th>部首數</th></tr>
<tr><td rowspan="3">子</td><td>上</td><td>1—2</td><td>一 丨 丶 丿 乙 亅 二 亠</td><td rowspan="3">29</td></tr>
<tr><td>中</td><td>2</td><td>人（亻）</td></tr>
<tr><td>下</td><td>2</td><td>儿 入 八 冂 冖 冫 几 凵 刀（刂）
力 勹 匕 匚 匸 十 卜 卩 厂 厶 又</td></tr>
<tr><td rowspan="3">丑</td><td>上</td><td>3</td><td>口 囗</td><td rowspan="3">9</td></tr>
<tr><td>中</td><td>3</td><td>土 士 夂</td></tr>
<tr><td>下</td><td>3</td><td>夊 夕 大 女</td></tr>
</table>

續表

集	名	筆畫	部　　首	部首數
寅	上	3	子 宀 寸 小 尢(尣 兀) 尸 屮	22
	中	3	山 巛 工 己 巾	
	下	3	干 幺 广 廴 廾 弋 弓 彐(⺕ 彑) 彡 彳［忄(心) 扌(手) 氵(水) 犭(犬) 阝(右同邑) 阝(左同阜)］	
卯	上	4	心(⺗)	11
	中	4	戈 户 手	
	下	4	支 攴(攵) 文 斗 斤 方 无	
辰	上	4	日 曰 月	13
	中	4	木	
	下	4	欠 止 歹 殳 毋 比 毛 氏 气	
巳	上	4	水	10
	中	4	火(灬) 爪(爫) 父 爻 爿 片 牙	
	下	4	牛 犬［尣 尣(尢) 王(玉) 罒 ⺳ 冈(网) 月(肉) 艹(艸) 辶(辵)］	

續表

集	名	筆畫	部首	部首數
午	上	5	玄 玉 瓜 瓦 甘 生 用 田 疋	
	中	5	疒 癶 白 皮 皿 目(罒) 矛 矢	
	下	5	石 示 内 禾 穴 立	23
未	上	6	竹 米	
	中	6	糸 缶 网 羊 羽 老 而 耒 耳 聿	
	下	6	肉 臣 自 至 臼 舌 舛 舟 艮 色	22
申	上	6	艸	
	中	6	虍 虫	
	下	6	血 行 衣 襾	7
酉	上	7	見 角 言	
	中	7	谷 豆 豕 豸 貝 赤 走 足 身	
	下	7	車 辛 辰 辵 邑 酉 釆 里	20
戌	上	8	金 長 門	
	中	8—9	阜 隶 隹 雨 青 非 面 革 韋 韭 音	
	下	9	頁 風 飛 食 首 香	20

續表

集名		筆畫	部首	部首數
亥	上	10	馬 骨 高 髟 鬥 鬯 鬲 鬼	28
	中	11	魚 鳥	
	下	11—17	鹵 鹿 麥 麻 黃 黍 黑 黹 黽 鼎 鼓 鼠 鼻 齊 齒 龍 龜 龠	

基於“字形固定”之條件，宋以後已漸底定於印刷術之發達。字典所著錄皆係印刷體之楷書或古文楷寫也。然書寫體與印刷體中間不能無差別，故“部位分明”一事，則又問題叢生。如“爲”十二畫，爪部；而“為”則九畫，? 部；“書”十畫，曰部？聿部？“者”九畫而“者”則八畫，老部？曰部？等等。

如此問題之所由起，不外：畫數無標準，分析部從位置無標準。近年社會上改革字典編制之趨勢，已成無須討論之實際工作。蓋改革之設計，其途有：以點畫分類，如林語堂《漢字索引制說明》、陳立夫《五筆檢字法之原理效用》；以形位分類，如杜定友《漢字形位排檢法》；以末筆分類，如林語堂《末筆檢字法》；以號碼分類，如林語堂《漢字號碼索引法》、王雲五《四角號碼檢字法》；以點畫依次分類，如于樹樟所主者是。

總之，在各種方法中最成問題之事即“筆順”的標準化，然後上述兩點字典上所有困難方可解除。比照聲韻學上有音標之標準排列，而成拼音文字字典成規之現象，吾人似可相信文字學上當有“形標”之標準排列而成漢字字典編制上之簡單條例也。大道甚，而人必捨近以求遠也奈何！（筆順在字體上隨宜而定，如十［先一後丨］在草書中則不與楷同［𠃌先丨後一］也，故有標準化之必要。）

十二、域外漢字生長的狀況（暫略）

1. 日本 假名 假名遣(カノヅヒ) 漢字(有土造的)

2. 朝鮮 諺文 懸吐、吏讀 漢字(有土造的)

3. 安南[越文] 字喃(土造漢字)

1、2、3 示同音假借之例，而 3 又示形聲方法之意義的複雜。

十三、外來語文給漢字的影響（存目）

十四、清初迄今的簡體字潮流

前面第十講言及流俗行用文字之倫紀凡有二義：避繁、去怪。第八講言及字體之變遞在“拘”、“放”二者之間向前進展，唐宋以來俗字所由之道路也。第十一講言及字典編制之演變，即緣先後累生之俗字影響於字體之事實也。嘗察俗字發展之原則，如第九講所言，則漢字之演變不定純由爲繁入簡之一事。蓋簡體字之產生往往附有條件，大抵日常用之較頻之字（人事的）始特簡省。簡體字非以爭一點一畫之多寡爲要務者，故其與俗字之自由生長相似也。俗字不必爲簡體字，以其演變原因尚有其他音義（訓詁語言）的條件也。而簡體字乃俗字現象之一種。簡體字似草書之方法，用一簡單符號代替繁複字體之部分；而具有楷書之體勢，點畫必分明易識。故其組織上可以拼收隸楷行草各體也。

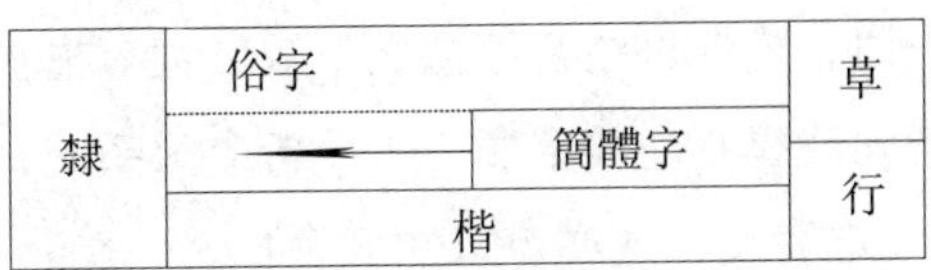

簡體字之生長，向來無拘束。一面不爲正統主義者所贊許，一面則爲正統主義者所行用。故其源流，上溯之當自漢魏六朝字中蒐尋。近代明末清初黃梨洲（出於何處容查）始正式主張應用①。黃氏蓋以國破之餘，洞見民智教導工具之必需改良而有此卓見。1934—1935 年上海新文藝界雖有“手頭字”之提倡，其中多矯新特創，有未切實用之實。二十四年教育部頒《簡體字表》第一批，旋以他故未能積極實行。容庚氏提倡而力行，於所著作《秦漢金文錄》、《金文續編》，皆以其自訂形式書之。二十五年又著《簡體字典》。卓定謀氏則主張以章草爲簡體字。此皆近年爲漢字形體改革問題發生之各種主張，可知漢字改革問題上除改用拼音文字之主張外，簡體字之潮流實已潛流千餘年而浸至水到渠成之階段矣。

簡體字之名所以示別於“簡字”。簡字運動爲拼音

① 黃梨洲主張應用簡體出處，黎劭西（錦熙）函云：“引黃梨洲語，係出自吕晚邨（留良）《送太冲東歸詩》。句云：‘俗字鈔書從省筆（本注：自喜用俗字鈔書，云省工夫一半。），奇文割本棄餘材。’（出莊詩存《倀倀集》，風雨樓本，廿三頁下。）”

文字之先河，成今日注音符號之系統。世有主張以注音文字寫音同時建立注義字類，以造新形聲系統，苟一察“簡體字”之發展，或亦可以知返矣！

第十一講曾言字典之理想編制與簡體字之提倡，不相背謬。簡體字應製作之標準：

1. 歸納系統，應用成規，分別需要，加以簡化。

2. 相當複雜之形體，始加以簡化。

3. 不爭一二點畫之多寡，而必求字體易於識。黃仲明《標準行書之研究》，庶幾近之！

鷄雞鸡　鶵難难　灘滩　攤摊

觀观　權权　勸劝

漢汉　歡欢　艱艰

對对　會会　鳳凤

邊边　聖圣

羅罗

歸归　師师　帥帅　喬乔　臨临　堅坚

“合文”，甲骨、金文以來即有之，隸楷而下亦未嘗斷。唐人“**蓵**”（菩提）、今人“**⿰匊弓**”（鞠躬）、“**圕**”（圖書館）恐不足爲訓。

十五、國語字母歷史的根據（存目）

附　　録

《文字學概要》緒論

（一）文字與語言之關係

生物界自然生長狀態中受外界刺激必有反應。其刺激或由外來，或從內起；所生反應或爲動作，或爲聲音（發出聲音亦是動作之一種）。人類發出聲音當同此理。

人類（一切動物皆然）發出聲音既爲一種動作，實並非經意者，因此動作所有之聲音幾爲日常生活不可缺之部分。前一語所云即指“說話”，而後一語則指“語言”。“說話”言其“能”，“語言”是其“所”。

人與動物發出聲音，“能”、“所”本同，異在其“用”。動物但能單純反應其現實感覺之情緒，是必有發者而後有受者，發此有秩序之聲音，影響彼之行動，而使受影響者能從此有秩序之聲音了解所發之意思，如此，聲音所表現者方爲吾人所謂之“語言”。故語言乃爲思想意志，自發者傳達於受者之工具，通常發者以口說而受者以耳聽，亦可以肢體動作發而從眼入。於是有“說”、“聽”、“寫”、“讀”四方面。

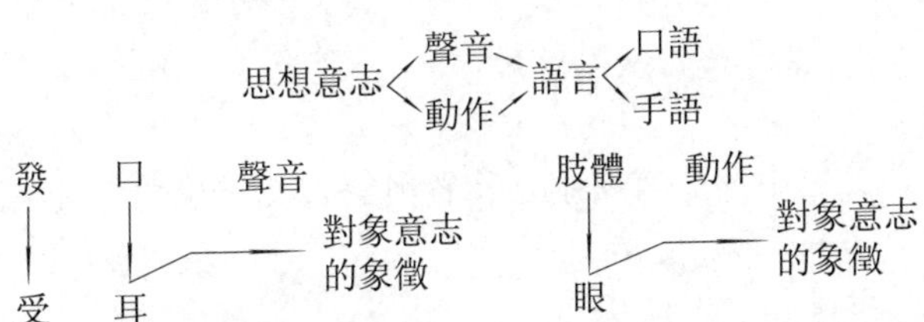

此種表達思想意志之工具，必爲發者受者所相互了解，故其成立必基於相互了解之決定。荀子云：“約定俗成之謂宜。”自來我國文字學者所常引述，適足以釋此理。

約定＝發→受、說→聽、寫→讀、讀→聽

俗成＝語言(文字)

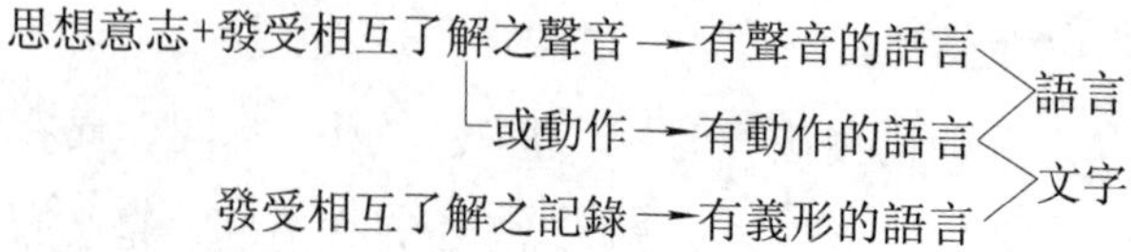

思想意志+發受相互了解之聲音 ─→ 有聲音的語言 ╲ 語言
　　　　　　└ 或動作 ─→ 有動作的語言 ＜
發受相互了解之記錄 ─→ 有義形的語言 ╱ 文字

沈兼士先生說：思想＋聲音＝語言

思想＋聲音＋繪畫＝文字

至此，可作如下結論：人類各種族中日常生活上不可少相互表達思想意志所用約定俗成之有秩序的聲音，是爲語言；而其爲傳達垂久應用繪畫本能所作之語言記錄，即爲文字。故學者常稱先有語言，後有文字。語言與文字皆爲一種工具。

（二）中國語言文字之特質與語言文字學之定義

語言之三種作用

1. 表現說者（speaker）思想、感覺……
2. 影響聽者（hearer）行動；
3. 象徵所顯示之事物。

前兩點離不開第三點。此所以示其種類象徵（符號）方式（symbolyatim），音與義特別之排列，爲語言組織之要素。語言故而可謂爲一種符號的系統，而以聲音組成此符號之實質。語言中所有之符號成爲精神的、非物的。

排除一切類似或摹仿。所謂固定的心意包含於固定的音羣乃一隨意之配置。蓋語詞與事物間之關係，是後天有條件發生者也。

說者發表，聽者了解。寫者以手代口、讀者以目代耳時以口代寫者說而自聽之。此皆爲語言的動作，而所說所寫皆語言的資料。

一般語言資料以其聲音（sound）與符號（symbol）爲主。蓋語言實有意義之聲音，而各種語言以爲有意義聲音之若干系統（system）也。語言動作爲文化傳送兼有主受，即其表現與了解不僅限於發出聲音，故所謂資料，亦不能獨指明發出之單純聲音，且幷此聲音相關之符號皆在其列。

語言學在發音分析以求易於辨識某一語言聲音系統上之理，此系統中若干聲音能以有形可視之符號表之。手寫之系統及語言動作上之別類方式，於是形成別出理論需要，而注意書寫方式與聲音之相聯關係，即可以觀聽之迹象。如此乃涉入文字演變之研究。

中國語言與文字的特質基於上述理論應分別言之:

其一，語言方面代表聲音系統，與一般語言學者研究之資料價值相同，亦即可以用同樣方法研究；其二，文字方面代表形體系統，不與一般語言學者所研究之字母（alphabet）資料相同，而爲一獨立研究（類似 alphabet 而兼有義）。

中國字固可據以論語言，而其關係幷非純粹代表語言者。文字之演變爲其本身形式的歷史，而可以作語言變遷一部分之根據；語言之演變寄託於文字者以時地之廣長而極複雜紛亂，甚至文字淹沒抹煞語言若干部分之眞實。明乎此，然後可具言特質。

中國語言的特質應作總括的歷史叙述。

1. 詞多單音，複音詞音綴往往成雙，三綴極少。通常稱單音的（monosyllabic）。

2. 文法比較孤立性大，孤立的（isolating）形式變化消納於文字單體中，語態學（morphology）若從詞的觀念仍是有的。

3. 文法富於分析性（analytical）。

4. 聲調別義。此實中國語法上表示屈折性的方法。屈折性（inflection）。

5. 組成語詞以元音（vowel）爲主。

表現於文字方面，則爲：一字一形，一形一音，同音多形，同形多體。

自此可以了解中國語言聲音與字間之關係演變當如下：

1. 文字與語言相符（即一形一語）。

2. 文字單獨有音與語言相離（即一字一音而一語數字）。

3. 文字單音與語音相對（即一字一音成一語一字）。

4. 文字與語言相同（即一語數言而一字數音）。

綜上所述，就世界語言文字觀中國文字自成專科，而中國語言則屬於印支語系。

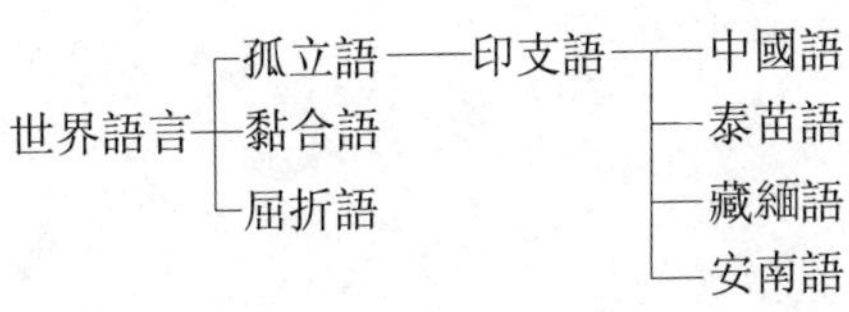

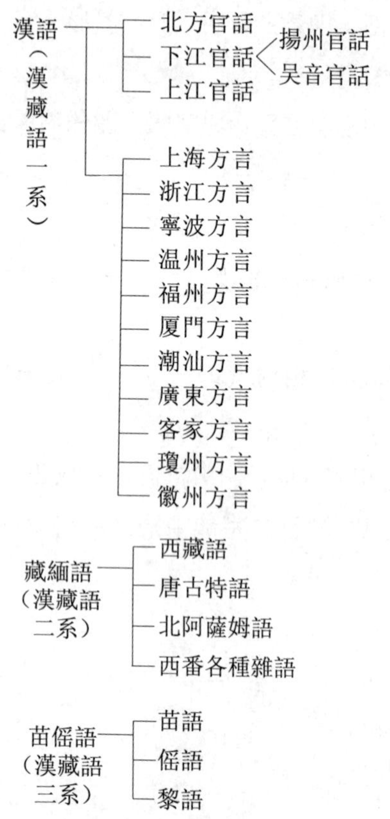

此舊說以語法分者，實已不能成立。現在語言研究正在發達，大抵以應用種族爲其代表而定名稱，較爲合理，如已經完密研究之印歐語系是。

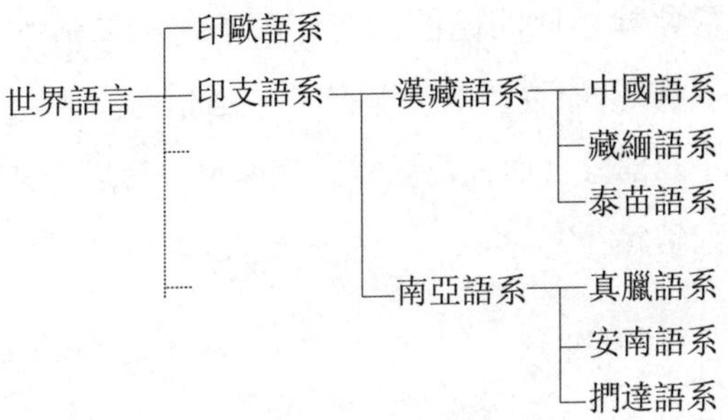

本科所稱中國語言文字，實專指漢字漢語，則其聲音與符號之系統範圍自甚顯明。漢語之行用，大半限我中華民族中之漢族及其同化民族，而漢字之行用則甚廣而複雜。其一爲不同語族而用漢字者，如朝鮮、日本。其二，同語族而用漢字者，如安南(越南)、“爨”。其三，同語族不用漢字者，如泰、藏、倮儸、苗。

漢字，通常稱爲“方塊字”。我們把中國語言文字學定義爲：整理分析研究中國語言文字之聲音、形體及意義之內容，而探述其相互關係及演變情形加以說明之學問。

（三）中國語言文字學之內容及其功用與研究方法

中國語言文字學之名始訂於章太炎氏（按：章氏於

國學講習會闡述此問題的內容，於本書第二講中已具引，此不贅）。依章氏說，即自來中國學者所謂“形音義”小學三部分合而稱爲語言文字學也。苟以語文雙軌主意，則當爲：

字體 } 語文形態［形］［文字］“morphology”及“alphabetic”
語形 }

字音 } 語文聲音［音］［聲韻］“phonology”及“phonetic”
語音 }

字義 } 語文意義［義］［訓詁］“semasiology”及“semantic”
語義 }

以西界學術分科習慣，則我之語言文字學與彼之 philology 含義較近，則一切文獻與校勘訓詁考據有關者屬焉。

斟酌折衷，可得以下十目，即：結體原則，是爲結構學；形變史，是爲形體變遷史；意義，是爲訓詁學；作用，是爲文法學；源流，是爲語源學（字根、義根、音根）；派分，是爲方言學；聲韻沿革，是爲聲韻學及聲韻史；發音標準，是爲發音學（等韻學）；中國語（言）文（字）學；比較語（言）文（字）學。

固有史實而存於今者，大致可分“材料”與“方法”兩方面（按：詳細內容參看《漢字形體變遷史》）。

爲便學者了解，中國語言文字學現有之內容，承舊啓新，應包“雅”學（一切以“雅”名書者如《爾雅》是）、“倉”學（一切以“蒼”名書者如《蒼頡》是）、“篇”學（一切以“篇”名書者如《玉篇》是）、《說文解字》學、古文字學（甲骨、金文、錢幣、璽印、刻石、簡牘等——如匋文）、韻學（其名源於《切韻》）、“方言”學（其名源於《方言》、《釋名》學）、“特種語文”學（鮮卑文、突厥文、吐火羅文、契丹文、女眞文、西夏文、八思巴蒙古文、滿文、白狼文——其中存世者有纏回文、阿拉伯文、西藏文、蒙古文、苗文、倮儸文、摩些文）。由於足資印證漢語文者實多，而漢語文之受影響而生變化，厥爲翻譯也。故中國語言文字學內容，除上述者外，尙應包含“翻譯”學、“字典詞彙”學（研究語言文字學之總記錄）。

其研究方法，約爲下列各科：蒐集材料、整理系統、考訂源流、歸納條例、解釋現象、叙述學史。這些，要求學者的功力、識斷、見解，而尤其要者爲：*毋意，毋固，毋必，毋我*。

後　記

魏建功（1901—1980年），江蘇海安人，我國當代著名語言文字學家、教育家，1925年畢業於北京大學中文系，歷在北京大學、輔仁大學、燕京大學、北平大學女子文理學院、朝鮮京城帝國大學（漢城大學前身）、西南聯合大學、國立西南女子師範學院、臺灣大學等院校任教。日本投降后被借調赴臺灣推行國語，任臺灣省國語推行委員會主任委員，努力清除日本強制推行日語五十年的影響；新中國成立後，受命牽頭組建"新華辭書社"並任社長，主持編纂了享譽海內外的《新華字典》（第一版）；1958年受命在北京大學中文系組建全國第一個"古典文獻專業"，爲國家培養了急需的古文獻整理、研究人才。

魏建功先生治學博大精深，富有創造性，曾在各高等院校開設多種課程，《漢字形體變遷史》就是抗戰時期他在昆明西南聯合大學所開設一門課程的授課提綱。補充以作者的《文字學概要》講義中的緒論部分，作爲單行本出版。

魏至

2012 年 5 月